全国“八五”普法
普法知识题集系列 8

社区

SHEQU

普法知识题集

PUFA ZHISHI TIJI

中国法制出版社
CHINA LEGAL PUBLISHING HOUSE

图书在版编目（CIP）数据

社区普法知识题集／中国法制出版社编．—北京：中国法制出版社，2021.6
（普法知识题集系列）
ISBN 978－7－5216－1750－4

Ⅰ.①社… Ⅱ.①中… Ⅲ.①法律－中国－习题集 Ⅳ.①D92－44

中国版本图书馆 CIP 数据核字（2021）第049388号

策划统筹 胡 斌 唐 鹍
责任编辑 黄丹丹
封面设计 李 宁

社区普法知识题集
SHEQU PUFA ZHISHI TIJI

编者/中国法制出版社
经销/新华书店
印刷/三河市紫恒印装有限公司
开本/880毫米×1230毫米 32开
版次/2021年6月第1版
印张/7 字数/165千
2021年6月第1次印刷

中国法制出版社出版
书号 ISBN 978－7－5216－1750－4
定价：28.00元

北京西单横二条2号
邮政编码 100031
传真：010－66031119
网址：http：//www.zgfzs.com
编辑部电话：010－66010678
市场营销部电话：010－66033393
邮购部电话：010－66033288

（如有印装质量问题，请与本社印务部联系调换。电话：010－66032926）

编辑说明

当前，我国已开启全面建设社会主义现代化国家新征程，进入新发展阶段。通过开展“八五”普法，使公民法治素养和社会治理法治化水平显著提升，形成全社会尊法学法守法用法的良好氛围。多层次多领域依法治理深入推进，全社会办事依法、遇事找法、解决问题用法、化解矛盾靠法的法治环境显著改善。

提升公民法治素养是全民普法的主要目标，也是全面依法治国的迫切要求，要突出重点对象，分层分类指导。实行公民终身法治教育制度，把法治教育纳入干部教育体系、国民教育体系、社会教育体系，不断提升全体公民法治意识和法治素养。坚持学用结合、普治并举。注重在立法、执法、司法和法律服务过程中开展实时普法，把普法深度融入立法、执法、司法和法律服务全过程，把普法融入法治实践、基层治理和日常生活。

为配合“八五”普法工作需要，我们组织编写了“普法知识题集系列丛书”。定位普法，覆盖公民、国家工作人员、领导干部、青少年、企业人员等，题型丰富、解析精准、难度适中，从试题角度为普法工作学习提供检验测试工具。丛书具有以下特点：

一、题型丰富。题型涵盖判断题、单选题、多选题、填空题、简答题，完备系统。

二、解析精准。习题均附有参考答案，解析有法律条文做依据，精准可靠。部分判断题、填空题的解析出于节省篇幅考虑，只列出答案和条文序号。

三、难度适中。习题设置避免难题、偏题、怪题，以突出应知应会和重点条文为出发点设置。

本丛书既适合机关、团体、学校、企业、事业单位等组织相关培训配套使用，也适合有学习需求的广大读者阅读。希望本丛书的出版能够有助于引导广大读者养成自觉守法的意识，形成遇事找法的习惯，培养解决问题靠法的意识和能力。为建设信仰法治、公平正义、保障权利、守法诚信、充满活力、和谐有序的社会主义法治社会贡献一份力量。

由于时间和水平有限，不足之处在所难免，敬请广大读者批评指正。

中国法制出版社

2021 年 6 月

目录

一、宪　法

（一）判断题

1. 完成统一祖国的大业是包括台湾同胞在内的全中国人民的神圣职责。（　　）
2. 社会主义的建设事业必须依靠工人、农民和知识分子，团结一切可以团结的力量。（　　）
3. 爱国统一战线是由中国共产党领导，有各民主党派和各人民团体参加的广泛联盟，包括全体社会主义劳动者、社会主义事业的建设者、拥护社会主义的爱国者、拥护祖国统一和致力于中华民族伟大复兴的爱国者。（　　）
4. 人民可以通过各种途径和形式，管理国家事务，管理经济和文化事业，管理社会事务。（　　）
5. 中华人民共和国的国家机构实行民主集中制的原则。（　　）
6. 矿藏、水流、森林、山岭、草原、荒地、滩涂等自然资源，都属于国家所有。（　　）
7. 我国存在属于集体所有的森林和山岭、草原、荒地、滩涂。（　　）
8. 国家保障自然资源的合理利用，保护珍贵的动物和植物。禁止任何组织或者个人用任何手段侵占或者破坏自然资源。（　　）
9. 城市的土地属于国家所有。（　　）
10. 公民的合法的私有财产不受侵犯。（　　）
11. 任何单位或者个人都不得侵入、搜查、查封公民的住宅。（　　）
12. 公民在特定情况下获得物质帮助权的具体表现除了老年人的物质帮助权，还包括患疾病公民的物质帮助权以及丧失劳动能力公民的物质帮助权。（　　）
13. 因国家安全或者追查刑事犯罪的需要，公安机关、检察机关可以依法对公民的通信进行检查。（　　）

14. 住宅权是对公民私生活的空间保护，其范围仅限于公民生活用的住宅。( )
15. 在我国，国家权力机关居于核心地位，其他国家机关都由它产生，对它负责并受它监督。( )
16. 我国的国家权力机关是全国人民代表大会。( )
17. 我国的最高国家权力机关是全国人民代表大会常务委员会。( )
18. 中央军事委员会实行集体领导制。( )
19. 地方各级人民代表大会是地方国家权力机关，乡、民族乡、镇设立人民代表大会。( )

(二) 单项选择题

1. ( )以后，封建的中国逐渐变成半殖民地、半封建的国家。
   A. 一八四〇年　　B. 一八六〇年
   C. 一八九五年　　D. 一九一〇年
2. ( )孙中山先生领导的辛亥革命，废除了封建帝制，创立了中华民国。
   A. 一九一〇年　　B. 一九一一年
   C. 一九一二年　　D. 一九一三年
3. 中华人民共和国的一切权力属于( )。
   A. 公民　　B. 人民
   C. 政府　　D. 农民
4. 人民行使国家权力的机关是( )。
   A. 全国人民代表大会
   B. 地方人民代表大会
   C. 全国人民代表大会和地方各级人民代表大会
   D. 各级政府
5. 中华人民共和国的国家机构实行( )的原则。
   A. 议行合一　　B. 民主集中制
   C. 三权分立　　D. 领导负责制
6. 中华人民共和国实行( )，建设社会主义法治国家。
   A. 依法治国　　B. 人民代表大会制度

C. 民主集中制　　D. 以德治国

7. 任何公民，非经(　　)批准或者决定或者(　　)决定，并由(　　)执行，不受逮捕。

A. 人民检察院；人民法院；公安机关

B. 人民法院；人民检察院；公安机关

C. 人民法院；公安机关；人民检察院

D. 公安机关；人民检察院；人民法院

8. 我国公民有受教育的(　　)。

A. 权利　　B. 义务

C. 权力　　D. 权利和义务

9. 依法服兵役和参加民兵组织是我国公民的(　　)。

A. 神圣权利　　B. 光荣义务

C. 权利和义务　　D. 神圣职责

10. 下列选项中不属于我国《宪法》规定的公民的基本权利的是：(　　)

A. 言论、出版　　B. 集会、结社

C. 游行、示威　　D. 纳税、服兵役

11. 下列有关我国公民权利的表述有误的是：(　　)

A. 公民对于任何国家机关都有提出批评和建议的权利

B. 公民对任何国家工作人员的违法失职行为都有提出申诉、控告或者检举的权利

C. 国家机关在接到公民提出的申诉、控告或者检举后，可以视情况查清事实，负责处理

D. 国家机关和国家工作人员侵犯公民权利造成损失的，受害人有依法请求赔偿的权利

12. 我国《宪法》规定，宪法的修改，由全国人民代表大会常务委员会或者(　　)以上的全国人民代表大会代表提议，并由全国人民代表大会以全体代表的(　　)以上多数通过。

A. 1/4；2/3　　B. 1/3；2/3

C. 1/5；2/3　　D. 1/4；1/2

13. 全国人民代表大会任期届满的(　　)，全国人民代表大会常务委员会必

须完成下届全国人民代表大会代表的选举。

A. 2个月以前 B. 2个月以内

C. 1个月以前 D. 1个月以内

14. 居民委员会是(　　)。

A. 基层自治性群众组织 B. 基层群众性自治组织

C. 基层政权机关 D. 基层政权机关的派出机关

15. 全国人民代表大会每届任期(　　)。

A. 3年 B. 5年

C. 2年 D. 4年

16. 总理、副总理、国务委员连续任职不得超过(　　)。

A. 一届 B. 两届

C. 三届 D. 四届

(三) 多项选择题

1. 中国各族人民将继续在中国共产党领导下，在马克思列宁主义、毛泽东思想、邓小平理论、“三个代表”重要思想、科学发展观、习近平新时代中国特色社会主义思想指引下，坚持(　　)，不断完善社会主义的各项制度，发展社会主义市场经济，发展社会主义民主，健全社会主义法治，贯彻新发展理念。

A. 人民民主专政 B. 社会主义道路

C. 改革开放 D. 经济建设

2. 社会主义的建设事业必须依靠(　　)，团结一切可以团结的力量。

A. 群众 B. 工人

C. 农民 D. 知识分子

3. 中国坚持反对(　　)，加强同世界各国人民的团结，支持被压迫民族和发展中国家争取和维护民族独立、发展民族经济的正义斗争，为维护世界和平和促进人类进步事业而努力。

A. 扩张主义 B. 帝国主义

C. 霸权主义 D. 殖民主义

4. 全国人民代表大会和地方各级人民代表大会都由民主选举产生，(　　)。

A. 受政府监督　　B. 对政府负责
C. 受人民监督　　D. 对人民负责

5. (　　)都由人民代表大会产生，对它负责，受它监督。

A. 国家行政机关　　B. 监察机关
C. 审判机关　　D. 检察机关

6. 中央和地方的国家机构职权的划分，遵循在中央的统一领导下，充分发挥地方的(　　)的原则。

A. 主动性　　B. 组织性
C. 调动性　　D. 积极性

7. 我国公民享有(　　)的权利和义务。

A. 劳动　　B. 受教育
C. 监督　　D. 选举

8.《宪法》规定，退休人员的生活受(　　)的保障。

A. 国家机关　　B. 社会
C. 国家　　D. 原单位

9. 下列选项中，属于我国公民的基本义务的有：(　　)

A. 保卫祖国、抵抗侵略
B. 维护国家统一和全国各民族的团结
C. 维护祖国的安全、荣誉和利益
D. 依照法律纳税

10. 在我国，公民享有选举权的基本条件是：(　　)

A. 具有中国国籍　　B. 年满18周岁
C. 依法享有政治权利　　D. 没有被判处过有期徒刑

11. 公民在法律面前一律平等是指在(　　)方面的平等。

A. 立法　　B. 司法
C. 守法　　D. 社会地位

12.《宪法》的修改由(　　)提议，并由全国人民代表大会通过。

A. 全国人民代表大会主席团
B. 全国人大常委会
C. 全国人民代表大会的各个专门委员会

D. 1/5 以上的全国人民代表大会代表

13. 居民委员会、村民委员会设(　　)等委员会，办理本居住地区的公共事务和公益事业，调解民间纠纷，协助维护社会治安，并且向人民政府反映群众的意见、要求和提出建议。

A. 人民调解　　B. 社会事务

C. 治安保卫　　D. 公共卫生

14. 根据宪法和法律的规定，法律的效力高于(　　)。

A. 行政法规　　B. 基本法

C. 地方性法规　　D. 规章

(四) 填空题

1. 国家依照法律规定保护公民的____和____。
2. 国家厉行____，反对____。
3. 国家举办各种学校，普及____，发展____、____和____，并且发展____。
4. 国家____和____人权。
5. 中华人民共和国公民有____、____、____、____、____、____的自由。
6. 中华人民共和国公民的人格尊严不受侵犯。禁止用任何方法对公民进行____、____和____。
7. 中华人民共和国公民的____和____受法律的保护。
8. 国家通过各种途径，创造____，加强____，改善____，并在发展生产的基础上，提高____和____。
9. 国家培养青年、少年、儿童在____、____、____等方面全面发展。
10. 国家保护妇女的权利和利益，实行男女____，____和____妇女干部。
11. 夫妻双方有实行____的义务。
12. ____、____、____、____组成国务院常务会议。
13. 地方各级人民政府实行____、____、____、____、____、____负责制。
14. ____是国家的审判机关。
15. 中华人民共和国国旗是____。
16. 中华人民共和国国徽，中间是五星照耀下的____，周围是____和____。

（五）简答题

1. 简述我国的行政区域划分。
2. 简述国务院的人员组成。

参考答案

（一）判断题

1. √，解析：见《宪法》序言第9自然段：“完成统一祖国的大业是包括台湾同胞在内的全中国人民的神圣职责。”
2. √，解析：见《宪法》序言第10自然段：“社会主义的建设事业必须依靠工人、农民和知识分子，团结一切可以团结的力量。”
3. √，解析：见《宪法》序言第10自然段：“在长期的革命、建设、改革过程中，已经结成由中国共产党领导的，有各民主党派和各人民团体参加的，包括全体社会主义劳动者、社会主义事业的建设者、拥护社会主义的爱国者、拥护祖国统一和致力于中华民族伟大复兴的爱国者的广泛的爱国统一战线……”
4. ×，解析：《宪法》第2条第3款规定，人民依照法律规定，通过各种途径和形式，管理国家事务，管理经济和文化事业，管理社会事务。
5. √，解析：《宪法》第3条第1款规定，中华人民共和国的国家机构实行民主集中制的原则。
6. ×，解析：《宪法》第9条第1款规定，矿藏、水流、森林、山岭、草原、荒地、滩涂等自然资源，都属于国家所有，即全民所有；由法律规定属于集体所有的森林和山岭、草原、荒地、滩涂除外。
7. √，解析：《宪法》第9条第1款规定，……由法律规定属于集体所有的森林和山岭、草原、荒地、滩涂除外。
8. √，解析：《宪法》第9条第2款规定，国家保障自然资源的合理利用，保护珍贵的动物和植物。禁止任何组织或者个人用任何手段侵占或者破坏自然资源。
9. √，解析：《宪法》第10条第1款规定，城市的土地属于国家所有。
10. √，解析：《宪法》第13条第1款规定，公民的合法的私有财产不受侵犯。

11. ×，解析：《宪法》第 39 条规定，中华人民共和国公民的住宅不受侵犯。禁止非法搜查或者非法侵入公民的住宅。
12. √，解析：《宪法》第 45 条第 1 款规定，中华人民共和国公民在年老、疾病或者丧失劳动能力的情况下，有从国家和社会获得物质帮助的权利。
13. √，解析：《宪法》第 40 条规定，中华人民共和国公民的通信自由和通信秘密受法律的保护。除因国家安全或者追查刑事犯罪的需要，由公安机关或者检察机关依照法律规定的程序对通信进行检查外，任何组织或者个人不得以任何理由侵犯公民的通信自由和通信秘密。
14. ×，解析：工作场所也应属于广义上的住宅的概念。
15. √，解析：《宪法》第 3 条第 3 款规定，国家行政机关、监察机关、审判机关、检察机关都由人民代表大会产生，对它负责，受它监督。
16. ×，解析：我国的国家权力机关是人民代表大会，全国人民代表大会是最高国家权力机关。
17. ×，解析：我国的最高国家权力机关是全国人民代表大会，全国人大常委会是其常设机关。
18. ×，解析：《宪法》第 93 条第 3 款规定，中央军事委员会实行主席负责制。
19. √，解析：《宪法》第 95 条第 1、2 款规定，省、直辖市、县、市、市辖区、乡、民族乡、镇设立人民代表大会和人民政府。地方各级人民代表大会和地方各级人民政府的组织由法律规定。

（二）单项选择题

1. A，解析：根据《宪法》序言第二自然段的表述，一八四〇年以后，封建的中国逐渐变成半殖民地、半封建的国家。
2. B，解析：根据《宪法》序言第四自然段的表述，一九一一年孙中山先生领导的辛亥革命，废除了封建帝制，创立了中华民国。
3. B，解析：《宪法》第 2 条第 1 款规定，中华人民共和国的一切权力属于人民。
4. C，解析：《宪法》第 2 条第 2 款规定，人民行使国家权力的机关是全国人民代表大会和地方各级人民代表大会。
5. B，解析：《宪法》第 3 条第 1 款规定，中华人民共和国的国家机构实行民主集中制的原则。
6. A，解析：《宪法》第 5 条第 1 款规定，中华人民共和国实行依法治国，建设社会主义法治国家。

7. A，解析：《宪法》第 37 条第 2 款规定，任何公民，非经人民检察院批准或者决定或者人民法院决定，并由公安机关执行，不受逮捕。

8. D，解析：《宪法》第 46 条第 1 款规定，中华人民共和国公民有受教育的权利和义务。

9. B，解析：《宪法》第 55 条第 2 款规定，依照法律服兵役和参加民兵组织是中华人民共和国公民的光荣义务。

10. D，解析：《宪法》第 55 条第 2 款规定，依照法律服兵役和参加民兵组织是中华人民共和国公民的光荣义务。第 56 条规定，中华人民共和国公民有依照法律纳税的义务。

11. C，解析：《宪法》第 41 条规定，中华人民共和国公民对于任何国家机关和国家工作人员，有提出批评和建议的权利；对于任何国家机关和国家工作人员的违法失职行为，有向有关国家机关提出申诉、控告或者检举的权利，但是不得捏造或者歪曲事实进行诬告陷害。对于公民的申诉、控告或者检举，有关国家机关必须查清事实，负责处理。任何人不得压制和打击报复。由于国家机关和国家工作人员侵犯公民权利而受到损失的人，有依照法律规定取得赔偿的权利。

12. C，解析：《宪法》第 64 条第 1 款规定，宪法的修改，由全国人民代表大会常务委员会或者 1/5 以上的全国人民代表大会代表提议，并由全国人民代表大会以全体代表的 2/3 以上的多数通过。

13. A，解析：《宪法》第 60 条第 2 款规定，全国人民代表大会任期届满的 2 个月以前，全国人民代表大会常务委员会必须完成下届全国人民代表大会代表的选举。如果遇到不能进行选举的非常情况，由全国人民代表大会常务委员会以全体组成人员的 2/3 以上的多数通过，可以推迟选举，延长本届全国人民代表大会的任期。在非常情况结束后 1 年内，必须完成下届全国人民代表大会代表的选举。

14. B，解析：《宪法》第 111 条第 1 款规定，城市和农村按居民居住地区设立的居民委员会或者村民委员会是基层群众性自治组织。居民委员会、村民委员会的主任、副主任和委员由居民选举。居民委员会、村民委员会同基层政权的相互关系由法律规定。

15. B，解析：《宪法》第 60 条第 1 款规定，全国人民代表大会每届任期 5 年。

16. B，解析：《宪法》第 87 条第 2 款规定，总理、副总理、国务委员连续任职不得超过两届。

（三）多项选择题

1. ABC，解析：见《宪法》序言第 7 自然段的表述："中国各族人民将继续在中国共产党领导下，在马克思列宁主义、毛泽东思想、邓小平理论、'三个代表'重要思想、科学发展观、习近平新时代中国特色社会主义思想指引下，坚持人民民主专政，坚持社会主义道路，坚持改革开放，不断完善社会主义的各项制度，发展社会主义市场经济，发展社会主义民主，健全社会主义法治，贯彻新发展理念，自力更生，艰苦奋斗，逐步实现工业、农业、国防和科学技术的现代化，推动物质文明、政治文明、精神文明、社会文明、生态文明协调发展，把我国建设成为富强民主文明和谐美丽的社会主义现代化强国，实现中华民族伟大复兴。"
2. BCD，解析：见《宪法》序言第 10 自然段的表述："社会主义的建设事业必须依靠工人、农民和知识分子，团结一切可以团结的力量。"
3. BCD，解析：见《宪法》序言第 12 自然段的表述："坚持反对帝国主义、霸权主义、殖民主义，加强同世界各国人民的团结，支持被压迫民族和发展中国家争取和维护民族独立、发展民族经济的正义斗争，为维护世界和平和促进人类进步事业而努力。"
4. CD，解析：《宪法》第 3 条第 2 款规定，全国人民代表大会和地方各级人民代表大会都由民主选举产生，对人民负责，受人民监督。
5. ABCD，解析：《宪法》第 3 条第 3 款规定，国家行政机关、监察机关、审判机关、检察机关都由人民代表大会产生，对它负责，受它监督。
6. AD，解析：《宪法》第 3 条第 4 款规定，中央和地方的国家机构职权的划分，遵循在中央的统一领导下，充分发挥地方的主动性、积极性的原则。
7. AB，解析：《宪法》第 42 条第 1 款规定，中华人民共和国公民有劳动的权利和义务。《宪法》第 46 条第 1 款规定，中华人民共和国公民有受教育的权利和义务。
8. BC，解析：《宪法》第 44 条规定，国家依照法律规定实行企业事业组织的职工和国家机关工作人员的退休制度。退休人员的生活受到国家和社会的保障。
9. ABCD，解析：《宪法》第 52 条规定，中华人民共和国公民有维护国家统一和全国各民族团结的义务。第 54 条规定，中华人民共和国公民有维护祖国的安全、荣誉和利益的义务，不得有危害祖国的安全、荣誉和利益的行为。第 55 条第 1 款规定，保卫祖国、抵抗侵略是中华人民共和国每一个公民的神圣职责。第 56 条规定，中华人民共和国公民有依照法律纳税的义务。

10. ABC，解析：享有选举权和被选举权的条件包括且仅限于中国国籍、年满 18 周岁、未被剥夺政治权利。未被判决剥夺政治权利的罪犯也享有选举权和被选举权。

11. BC，解析：公民在法律面前一律平等的含义仅限于在适用法律和遵守法律方面的平等，即司法和守法平等。

12. BD，解析：《宪法》第 64 条规定，宪法的修改，由全国人民代表大会常务委员会或者 1/5 以上的全国人民代表大会代表提议，并由全国人民代表大会以全体代表的 2/3 以上的多数通过。法律和其他议案由全国人民代表大会以全体代表的过半数通过。

13. ACD，解析：《宪法》第 111 条第 2 款规定，居民委员会、村民委员会设人民调解、治安保卫、公共卫生等委员会，办理本居住地区的公共事务和公益事业，调解民间纠纷，协助维护社会治安，并且向人民政府反映群众的意见、要求和提出建议。

14. ACD，解析：按效力等级排列为：基本法、法律、行政法规、规章或地方性法规。

（四）填空题

1. 私有财产权；继承权。（《宪法》第 13 条第 2 款）
2. 节约；浪费。（《宪法》第 14 条第 2 款）
3. 初等义务教育；中等教育；职业教育；高等教育；学前教育。（《宪法》第 19 条第 2 款）
4. 尊重；保障。（《宪法》第 33 条第 3 款）
5. 言论；出版；集会；结社；游行；示威。（《宪法》第 35 条）
6. 侮辱；诽谤；诬告陷害。（《宪法》第 38 条）
7. 通信自由；通信秘密。（《宪法》第 40 条）
8. 劳动就业条件；劳动保护；劳动条件；劳动报酬；福利待遇。（《宪法》第 42 条第 2 款）
9. 品德；智力；体质。（《宪法》第 46 条第 2 款）
10. 同工同酬；培养；选拔。（《宪法》第 48 条第 2 款）
11. 计划生育。（《宪法》第 49 条第 2 款）
12. 总理；副总理；国务委员；秘书长。（《宪法》第 88 条第 2 款）
13. 省长；市长；县长；区长；乡长；镇长。（《宪法》第 105 条第 2 款）

14. 中华人民共和国人民法院。(《宪法》第128条)
15. 五星红旗。(《宪法》第141条)
16. 天安门；谷穗；齿轮。(《宪法》第142条)

(五) 简答题

1. 答:《宪法》第30条规定，中华人民共和国的行政区域划分如下：(1) 全国分为省、自治区、直辖市；(2) 省、自治区分为自治州、县、自治县、市；(3) 县、自治县分为乡、民族乡、镇。直辖市和较大的市分为区、县。自治州分为县、自治县、市。自治区、自治州、自治县都是民族自治地方。
2. 答:《宪法》第86条规定，国务院由下列人员组成：总理，副总理若干人，国务委员若干人，各部部长，各委员会主任，审计长，秘书长。国务院实行总理负责制。各部、各委员会实行部长、主任负责制。国务院的组织由法律规定。

二、国旗法

（一）判断题

1. 中华人民共和国国旗是五星红旗。（　　）
2. 国旗、旗杆的尺度比例应当适当，并与使用目的、周围建筑、周边环境相适应。（　　）
3. 幼儿园应当无条件每日升挂国旗。（　　）
4. 举行宪法宣誓仪式时，应当在宣誓场所悬挂国旗。（　　）
5. 举行重大庆祝、纪念活动，大型文化、体育活动，大型展览会，应当升挂国旗。（　　）

（二）单项选择题

1. 图书馆、博物馆、文化馆、美术馆、科技馆、纪念馆、展览馆、体育馆、青少年宫等公共文化体育设施应当（　　）升挂、悬挂国旗。

   A. 每日　　B. 在开放日

   C. 在工作日　　D. 星期一

2. 关于国旗，下列说法错误的是：（　　）

   A. 国家倡导公民和组织在适宜的场合使用国旗及其图案，表达爱国情感

   B. 网络使用的国旗图案标准版本在中国人大网和中国政府网上发布

   C. 民用船舶和进入中国领水的外国船舶升挂国旗的办法，由国务院公安部门规定

   D. 国家综合性消防救援队伍的船舶升挂国旗的办法，由国务院应急管理部门规定

3. 下半旗时，应当先将国旗升至杆顶，然后降至旗顶与杆顶之间的距离为旗杆全长的（　　）处；降下时，应当先将国旗升至杆顶，然后再降下。

   A. 2/4　　B. 3/4

   C. 2/3　　D. 1/3

4. 在公共场合故意以焚烧、毁损、涂划、玷污、践踏等方式侮辱中华人民共和国国旗的，依法追究刑事责任；情节较轻的，由公安机关处以（　　）日以下拘留。

A. 15　　B. 10

C. 7　　D. 20

（三）多项选择题

1. 应当在工作日升挂国旗的机构包括：（　　）

A. 国务院各部门

B. 地方各级人民政府

C. 中国共产党中央各部门和地方各级委员会

D. 地方各级人民代表大会常务委员会

2. 关于升挂国旗，下列说法正确的有：（　　）

A. 国庆节，各级国家机关应当升挂国旗

B. 民族自治地方在民族自治地方成立纪念日应当升挂国旗

C. 春节，居民委员会，居民院（楼、小区）应当升挂国旗

D. 春节，各人民团体以及大型广场、公园等公共活动场所应当升挂国旗

3. 关于升旗仪式，下列说法正确的有：（　　）

A. 举行升旗仪式时，应当奏唱国歌

B. 在国旗升起的过程中，在场人员应当面向国旗肃立，行注目礼或者按照规定要求敬礼

C. 北京天安门广场每日举行升旗仪式

D. 学校除假期外，每周举行一次升旗仪式

4. 下列哪些选项中的人士逝世，下半旗志哀？（　　）

A. 各部部长

B. 中国人民政治协商会议全国委员会主席

C. 对中华人民共和国作出杰出贡献的人

D. 对世界和平或者人类进步事业作出杰出贡献的人

（四）填空题

1. 中华人民共和国国旗是中华人民共和国的____和____。
2. 学校除____、____和____外，应当每日升挂国旗。
3. 依法升挂国旗的，应当____升起，____降下。
4. 升挂国旗，应当将国旗置于____的位置。
5. 在直立的旗杆上升降国旗，应当____升降。升起时，必须将国旗升至____；降下时，不得使国旗____。

（五）简答题

简述应当每日升挂国旗的场所或机构。

参考答案

（一）判断题

1. √，解析：《国旗法》第 2 条第 1 款规定，中华人民共和国国旗是五星红旗。
2. √，解析：《国旗法》第 3 条第 2 款规定，国旗、旗杆的尺度比例应当适当，并与使用目的、周围建筑、周边环境相适应。
3. ×，解析：《国旗法》第 6 条第 2 款规定，有条件的幼儿园参照学校的规定升挂国旗。
4. √，解析：《国旗法》第 7 条第 3 款规定，举行宪法宣誓仪式时，应当在宣誓场所悬挂国旗。
5. ×，解析：《国旗法》第 8 条规定，举行重大庆祝、纪念活动，大型文化、体育活动，大型展览会，可以升挂国旗。

（二）单项选择题

1. B，解析：《国旗法》第 6 条第 3 款规定，图书馆、博物馆、文化馆、美术馆、科技馆、纪念馆、展览馆、体育馆、青少年宫等公共文化体育设施应当在开放日升挂、悬挂国旗。
2. C，解析：《国旗法》第 9 条规定，国家倡导公民和组织在适宜的场合使用国旗及其图案，表达爱国情感。公民和组织在网络中使用国旗图案，应当遵守相关网络管理规定，不得损害国旗尊严。网络使用的国旗图案标准版本在中国人大网和中国政府网上发布。第12条规定，民用船舶和进入中国领水的外国船舶升挂国旗的办法，由国务院交通主管部门规定。执行出入境边防检查、边境管理、治安任务的船舶升挂国旗的办法，由国务院公安部门规定。国家综合性消防救援队伍的船舶升挂国旗的办法，由国务院应急管理部门规定。

3. D，解析：《国旗法》第18条第2款规定，下半旗时，应当先将国旗升至杆顶，然后降至旗顶与杆顶之间的距离为旗杆全长的1/3处；降下时，应当先将国旗升至杆顶，然后再降下。

4. A，解析：《国旗法》第23条规定，在公共场合故意以焚烧、毁损、涂划、玷污、践踏等方式侮辱中华人民共和国国旗的，依法追究刑事责任；情节较轻的，由公安机关处以15日以下拘留。

（三）多项选择题

1. ABCD，解析：《国旗法》第6条第1款规定，下列机构所在地应当在工作日升挂国旗：（1）中国共产党中央各部门和地方各级委员会；（2）国务院各部门；（3）地方各级人民代表大会常务委员会；（4）地方各级人民政府；……

2. ABD，解析：《国旗法》第7条第1、2款规定，国庆节、国际劳动节、元旦、春节和国家宪法日等重要节日、纪念日，各级国家机关、各人民团体以及大型广场、公园等公共活动场所应当升挂国旗；企业事业组织，村民委员会、居民委员会，居民院（楼、小区）有条件的应当升挂国旗。民族自治地方在民族自治地方成立纪念日和主要传统民族节日应当升挂国旗。

3. ABCD，解析：《国旗法》第14条规定，升挂国旗时，可以举行升旗仪式。举行升旗仪式时，应当奏唱国歌。在国旗升起的过程中，在场人员应当面向国旗肃立，行注目礼或者按照规定要求敬礼，不得有损害国旗尊严的行为。北京天安门广场每日举行升旗仪式。学校除假期外，每周举行一次升旗仪式。

4. BCD，解析：《国旗法》第15条第1款规定，下列人士逝世，下半旗志哀：（1）中华人民共和国主席、全国人民代表大会常务委员会委员长、国务院总理、中央军事委员会主席；（2）中国人民政治协商会议全国委员会主席；（3）对中华人民共和国作出杰出贡献的人；（4）对世界和平或者人类进步事业作出杰出贡献的人。

（四）填空题

1. 象征；标志。（《国旗法》第4条第1款）
2. 寒假；暑假；休息日。（《国旗法》第6条第2款）
3. 早晨；傍晚。（《国旗法》第13条第1款）

4. 显著。(《国旗法》第 17 条第 1 款)

5. 徐徐；杆顶；落地。(《国旗法》第 18 条第 1 款)

(五) 简答题

答：根据《国旗法》第 5 条，下列场所或者机构所在地，应当每日升挂国旗：(1) 北京天安门广场、新华门；(2) 中国共产党中央委员会，全国人民代表大会常务委员会，国务院，中央军事委员会，中国共产党中央纪律检查委员会、国家监察委员会，最高人民法院，最高人民检察院；中国人民政治协商会议全国委员会；(3) 外交部；(4) 出境入境的机场、港口、火车站和其他边境口岸，边防海防哨所。

三、国徽法

（一）判断题

1. 中华人民共和国国徽，中间是五星照耀下的天安门，周围是谷穗和齿轮。（　　）
2. 国徽应当悬挂在机关正门上方正中处。（　　）
3. 全国人民代表大会常务委员会、国务院、中央军事委员会、国家监察委员会、最高人民法院、最高人民检察院的印章应当刻有国徽图案。（　　）
4. 需要悬挂非通用尺度国徽的，应当按照通用尺度成比例适当放大或者缩小，并与使用目的、所在建筑物、周边环境相适应。

（二）单项选择题

1. 悬挂的国徽由国家指定的企业统一制作，其直径的通用尺度不包括：（　　）

A. 100 厘米　　B. 80 厘米
C. 60 厘米　　D. 70 厘米

2. 在公共场合故意以焚烧、毁损、涂划、玷污、践踏等方式侮辱中华人民共和国国徽的，依法追究刑事责任；情节较轻的，由公安机关处以（　　）日以下拘留。

A. 15　　B. 10
C. 7　　D. 20

（三）多项选择题

1. 应当悬挂国徽的机构包括：（　　）

A. 各级人民代表大会常务委员会
B. 各级人民政府

C. 中央军事委员会

D. 各级监察委员会

2. 应当悬挂国徽的场所包括：(　　)

A. 北京天安门城楼、人民大会堂

B. 各级人民法院和专门人民法院的审判庭

C. 宪法宣誓场所、出境入境口岸的适当场所

D. 县级以上各级人民代表大会及其常务委员会会议厅，乡、民族乡、镇的人民代表大会会场

3. 可以使用国徽图案的证件、证照包括：(　　)

A. 国家机关工作人员的工作证件、执法证件等

B. 国家机关颁发的营业执照、许可证书、批准证书、资格证书、权利证书等

C. 居民身份证

D. 中华人民共和国护照等法定出入境证件

4. 国徽及其图案不得用于：(　　)

A. 商标、授予专利权的外观设计

B. 日常用品、日常生活的陈设布置

C. 私人庆吊活动

D. 商业广告

(四) 填空题

1. 标示国界线的____、____和标示领海基点方位的____以及其他用于显示国家主权的标志物可以使用国徽图案。

2. 外事活动和国家驻外使馆、领馆以及其他外交代表机构对外使用国徽图案的办法，由____规定，报____批准后施行。

3. 不得悬挂____、____或者____的国徽。

参考答案

（一）判断题

1. √，解析：《国徽法》第2条第1款规定，中华人民共和国国徽，中间是五星照耀下的天安门，周围是谷穗和齿轮。
2. √，解析：《国徽法》第4条第2款规定，国徽应当悬挂在机关正门上方正中处。
3. √，解析：《国徽法》第6条规定，下列机构的印章应当刻有国徽图案：（1）全国人民代表大会常务委员会，国务院，中央军事委员会，国家监察委员会，最高人民法院，最高人民检察院；……
4. √，解析：《国徽法》第16条第2款规定，需要悬挂非通用尺度国徽的，应当按照通用尺度成比例适当放大或者缩小，并与使用目的、所在建筑物、周边环境相适应。

（二）单项选择题

1. D，解析：《国徽法》第16条第1款规定，悬挂的国徽由国家指定的企业统一制作，其直径的通用尺度为下列三种：（1）100厘米；（2）80厘米；（3）60厘米。
2. A，解析：《国徽法》第18条规定，在公共场合故意以焚烧、毁损、涂划、玷污、践踏等方式侮辱中华人民共和国国徽的，依法追究刑事责任；情节较轻的，由公安机关处以15日以下拘留。

（三）多项选择题

1. ABCD，解析：《国徽法》第4条第1款规定，下列机构应当悬挂国徽：（1）各级人民代表大会常务委员会；（2）各级人民政府；（3）中央军事委员会；（4）各级监察委员会；（5）各级人民法院和专门人民法院；（6）各级人民检察院和专门人民检察院；（7）外交部；（8）国家驻外使馆、领馆和其他外交代表机构；（9）中央人民政府驻香港特别行政区有关机构、中央人民政府驻澳门特别行政区有关机构。
2. ABCD，解析：《国徽法》第5条规定，下列场所应当悬挂国徽：（1）北京天安门城楼、人民大会堂；（2）县级以上各级人民代表大会及其常务委员会会议厅，乡、民族乡、镇的人民代表大会会场；（3）各级人民法院和专门人民法院的审判庭；（4）宪法宣誓场所；（5）出境入境口岸的适当场所。

3. ABCD，解析：《国徽法》第 10 条第 1 款规定，下列证件、证照可以使用国徽图案：（1）国家机关工作人员的工作证件、执法证件等；（2）国家机关颁发的营业执照、许可证书、批准证书、资格证书、权利证书等；（3）居民身份证，中华人民共和国护照等法定出入境证件。
4. ABCD，解析：《国徽法》第 13 条规定，国徽及其图案不得用于：（1）商标、授予专利权的外观设计、商业广告；（2）日常用品、日常生活的陈设布置；（3）私人庆吊活动；（4）国务院办公厅规定不得使用国徽及其图案的其他场合。

（四）填空题

1. 界桩；界碑；标志碑。（《国徽法》第 9 条第 1 款）
2. 外交部；国务院。（《国徽法》第 11 条）
3. 破损；污损；不合规格。（《国徽法》第 14 条）

四、国歌法

（一）判断题

1. 中华人民共和国国歌是《义勇军进行曲》。(　　)
2. 国家不倡导公民和组织奏唱国歌，表达爱国情感。(　　)
3. 奏唱国歌，应当按照《国歌法》附件所载国歌的歌词和曲谱，不得采取有损国歌尊严的奏唱形式。(　　)
4. 中华人民共和国国歌是中华人民共和国的象征和标志。(　　)
5. 在《国歌法》第4条规定的场合奏唱国歌，应当使用国歌标准演奏曲谱或者国歌官方录音版本。(　　)
6. 各级党组织应当积极开展对国歌的宣传，普及国歌奏唱礼仪知识。(　　)

（二）单项选择题

1. 奏唱国歌时，在场人员应当(　　)，举止庄重，不得有不尊重国歌的行为。

   A. 停止一切活动　　B. 站立

   C. 肃立　　D. 肃静

2. 外交活动中奏唱国歌的场合和礼仪，由(　　)规定。

   A. 外交部长　　B. 国家主席

   C. 国务院　　D. 外交部

3. 国歌纳入(　　)教育。中小学应当将国歌作为爱国主义教育的重要内容，组织学生学唱国歌，教育学生了解国歌的历史和精神内涵、遵守国歌奏唱礼仪。

   A. 小学　　B. 中小学

   C. 中学　　D. 大学

4. (　　)以上各级人民政府及其有关部门在各自职责范围内，对国歌的奏唱、播放和使用进行监督管理。

   A. 县级　　B. 市级

C. 省级　　　　D. 乡镇级

（三）多项选择题

1. 应当奏唱国歌的场合有：（　　）
   A. 全国人民代表大会会议和地方各级人民代表大会会议的开幕、闭幕
   B. 各政党、各人民团体的各级代表大会等
   C. 国家公祭仪式
   D. 重大体育赛事
2. 关于国歌，下列说法正确的有：（　　）
   A. 不得用于或者变相用于商标、商业广告
   B. 不得在私人丧事活动等不适宜的场合使用
   C. 不得作为公共场所的背景音乐
   D. 不得在国家公祭仪式时使用

（四）填空题

1. 为了维护____的尊严，规范____的奏唱、播放和使用，增强公民的国家观念，弘扬爱国主义精神，培育和践行社会主义核心价值观，根据宪法，制定本法。
2. 一切____和____都应当尊重国歌，维护国歌的尊严。
3. 军队奏唱国歌的场合和礼仪，由____规定。
4. 国歌标准演奏曲谱、国歌官方录音版本由____确定的部门组织审定、录制，并在____和____上发布。
5. 国庆节、国际劳动节等重要的国家法定节日、纪念日，中央和省、自治区、直辖市的广播电台、电视台应当按照____规定的时点播放国歌。

（五）简答题

简述应受处罚的侮辱国歌行为。

参考答案

（一）判断题

1. √，解析：《国歌法》第 2 条规定，中华人民共和国国歌是《义勇军进行曲》。
2. ×，解析：《国歌法》第 5 条规定，国家倡导公民和组织在适宜的场合奏唱国歌，表达爱国情感。
3. √，解析：《国歌法》第 6 条规定，奏唱国歌，应当按照本法附件所载国歌的歌词和曲谱，不得采取有损国歌尊严的奏唱形式。
4. √，解析：《国歌法》第 3 条第 1 款规定，中华人民共和国国歌是中华人民共和国的象征和标志。
5. √，解析：《国歌法》第 10 条第 1 款规定，在本法第 4 条规定的场合奏唱国歌，应当使用国歌标准演奏曲谱或者国歌官方录音版本。
6. ×，解析：《国歌法》第 12 条规定，新闻媒体应当积极开展对国歌的宣传，普及国歌奏唱礼仪知识。

（二）单项选择题

1. C，解析：《国歌法》第 7 条规定，奏唱国歌时，在场人员应当肃立，举止庄重，不得有不尊重国歌的行为。
2. D，解析：《国歌法》第 9 条第 1 款规定，外交活动中奏唱国歌的场合和礼仪，由外交部规定。
3. B，解析：《国歌法》第 11 条规定，国歌纳入中小学教育。中小学应当将国歌作为爱国主义教育的重要内容，组织学生学唱国歌，教育学生了解国歌的历史和精神内涵、遵守国歌奏唱礼仪。
4. A，解析：《国歌法》第 14 条规定，县级以上各级人民政府及其有关部门在各自职责范围内，对国歌的奏唱、播放和使用进行监督管理。

（三）多项选择题

1. ABCD，解析：《国歌法》第 4 条规定，在下列场合，应当奏唱国歌：（1）全国人民代表大会会议和地方各级人民代表大会会议的开幕、闭幕；中国人民政治协商会议全国委员会会议和地方各级委员会会议的开幕、闭幕；（2）各政党、各人民团体的各级代表大会等；（3）宪法宣誓仪式；（4）升国旗仪式；（5）各级机关举行或者组织的重大庆典、表彰、纪念仪式等；（6）国家公祭仪式；（7）重大外交活动；（8）重大体育赛事；（9）其他应当奏唱国歌的场合。

2. ABC，解析：《国歌法》第 8 条规定，国歌不得用于或者变相用于商标、商业广告，不得在私人丧事活动等不适宜的场合使用，不得作为公共场所的背景音乐等。

（四）填空题

1. 国歌；国歌。（《国歌法》第 1 条）
2. 公民；组织。（《国歌法》第 3 条第 2 款）
3. 中央军事委员会。（《国歌法》第 9 条第 2 款）
4. 国务院；中国人大网；中国政府网。（《国歌法》第 9 条第 4 款）
5. 国务院广播电视主管部门。（《国歌法》第 13 条）

（五）简答题

答：根据《国歌法》第 15 条规定，在公共场合，故意篡改国歌歌词、曲谱，以歪曲、贬损方式奏唱国歌，或者以其他方式侮辱国歌的，由公安机关处以警告或者 15 日以下拘留；构成犯罪的，依法追究刑事责任。

五、民法典

（一）判断题

1. 民法调整一切主体的自然人、法人和非法人组织之间的人身关系和财产关系。（　　）
2. 16周岁以上的自然人为成年人。（　　）
3. 失踪人的财产由其配偶、成年子女、父母或者其他愿意担任财产代管人的人代管。（　　）
4. 自然人下落不明满2年，利害关系人可以向人民法院申请宣告该自然人死亡。（　　）
5. 物包括不动产和动产。（　　）
6. 民事主体依法享有继承权。（　　）
7. 动产物权的设立、变更、转让和消灭，应当依照法律规定登记。不动产物权的设立和转让，应当依照法律规定交付。（　　）
8. 不动产物权的设立、变更、转让和消灭，无论是否登记，均发生效力，但是法律另有规定的除外。（　　）
9. 当事人申请登记，应当根据不同登记事项提供权属证明和不动产界址、面积等必要材料。（　　）
10. 登记机构可以要求对不动产进行评估。（　　）
11. 不动产权利人应当为相邻权利人用水、排水提供一切便利。（　　）
12. 不动产权利人对相邻权利人请求利用其土地的，应当提供必要的便利。（　　）
13. 不动产权利人因用水、排水、通行、铺设管线等利用相邻不动产的，不得对相邻的不动产权利人造成损害。（　　）
14. 居住权人有权按照合同约定，对他人的住宅享有占有、使用的用益物权，以满足生活居住的需要。（　　）
15. 买卖合同的内容一般包括标的物的名称、数量、质量、价款、履行期限、

履行地点和方式、包装方式、检验标准和方法、结算方式、合同使用的文字及其效力等条款。(　　)

16. 买受人应当按照约定的数额和支付方式支付价款。(　　)
17. 赠与合同一经成立，赠与人不得撤销赠与。(　　)
18. 对物业服务区域内违反有关治安、环保、消防等法律法规的行为，物业服务人应当及时采取合理措施制止、向有关行政主管部门报告并协助处理。(　　)
19. 业主应当按照约定向物业服务人支付物业费。(　　)
20. 业主依照法定程序共同决定解聘物业服务人的，应当提前 30 日书面通知物业服务人，但是合同对通知期限另有约定的除外。(　　)
21. 当事人可以随时解除不定期物业服务合同，但是应当提前 30 日书面通知对方。(　　)
22. 我国实行婚姻自由、一夫一妻、男女平等的婚姻制度。(　　)
23. 配偶、父母、子女和其他近亲属为家庭成员。(　　)
24. 未成年人均可以被收养。(　　)
25. 未成年人的父母均不具备完全民事行为能力的，该未成年人的监护人可以将其送养。(　　)
26. 生父母一方不明的，不能单方送养。(　　)
27. 打印遗嘱的，遗嘱人和见证人需在遗嘱首页和最后一页签名并注明年、月、日。(　　)
28. 只要有两个以上见证人在场见证，遗嘱人即可立口头遗嘱。(　　)

(二) 单项选择题

1. 民事主体从事民事活动，应当遵循(　　)原则，合理确定各方的权利和义务。

A. 自愿　　B. 公平

C. 诚信　　D. 公序良俗

2. 民事主体从事民事活动，应当遵循(　　)原则，秉持诚实，恪守承诺。

A. 自愿　　B. 公平

C. 诚信　　D. 公序良俗

3. (　　)周岁以上的未成年人，以自己的劳动收入为主要生活来源的，视为完全民事行为能力人。

A. 14　　B. 15

C. 16　　D. 17

4. 被监护人的(　　)担任监护人的，可以通过遗嘱指定监护人。

A. 祖父母　　B. 父母

C. 子女　　D. 兄、姐

5. 因意外事件下落不明，经有关机关证明该自然人不可能生存的，申请宣告死亡不受(　　)时间的限制。

A. 2 年　　B. 3 年

C. 4 年　　D. 5 年

6. 关于物权的公示原则，以下说法错误的是：(　　)

A. 不动产物权的设立和变更，应当依照法律规定登记

B. 动产物权的设立和转让，应当依照法律规定登记

C. 不动产物权的转让和消灭，应当依照法律规定登记

D. 动产物权的设立和转让，应当依照法律规定交付

7. 关于不动产登记簿，以下说法正确的是：(　　)

A. 不动产登记簿是物权归属和内容的根据

B. 不动产登记簿由物权人管理

C. 不动产登记簿由业主委员会管理

D. 不动产登记簿由用益物权人管理

8. 关于不动产登记资料，以下说法错误的是：(　　)

A. 权利人可以申请查询、复制不动产登记资料

B. 利害关系人可以申请查询、复制不动产登记资料

C. 任何人均可以申请查询、复制不动产登记资料

D. 利害关系人不得公开、非法使用权利人的不动产登记资料

9. 关于所有权的权能以下说法错误的是：(　　)

A. 所有权人对自己的不动产或者动产，依法享有占有、使用的权利

B. 所有权人对自己的不动产或者动产，依法享有收益的权利

C. 所有权不是最完全的物权

D. 所有权人对自己的不动产或者动产，依法享有处分的权利

10. 关于建筑物区分所有权，以下说法错误的是：(　　)

A. 业主对建筑物内的住宅专有部分享有所有权

B. 业主对建筑物内的经营性用房专有部分享有所有权

C. 业主对建筑物内的住宅共有部分享有所有权

D. 业主对专有部分以外的共有部分享有共有和共同管理的权利

11. 关于建筑物区分所有权专有部分的权利义务，以下说法错误的是：(　　)

A. 业主对其建筑物共有部分享有占有和使用的权利

B. 业主对其建筑物专有部分享有收益和处分的权利

C. 业主行使权利不得损害其他业主的合法权益

D. 业主行使权利不得危及建筑物的安全

12. 关于建筑物区分所有权共有部分的权利义务，以下说法错误的是：(　　)

A. 业主对建筑物专有部分以外的共有部分，享有权利

B. 业主对建筑物专有部分以外的共有部分，承担义务

C. 业主对建筑物专有部分以外的共有部分，不得以放弃权利为由不履行义务

D. 业主转让建筑物内的住宅、经营性用房，其对共有部分享有的共有和共同管理的权利可以分别转让

13. 关于车位、车库的归属，以下说法错误的是：(　　)

A. 建筑区划内，规划用于停放汽车的车位、车库的归属，可以由当事人通过出售的方式约定

B. 建筑区划内，规划用于停放汽车的车位、车库的归属，可以由当事人通过附赠的方式约定

C. 建筑区划内，规划用于停放汽车的车位、车库的归属，可以由当事人通过出租的方式约定

D. 占用业主共有的道路或者其他场地用于停放汽车的车位，可以由业主个人所有

14. 关于建筑物及其附属设施的维修资金，以下说法错误的是：(　　)

A. 建筑物及其附属设施的维修资金，属于业主共有

B. 经业主共同决定，可以用于电梯、屋顶、外墙、无障碍设施等共有部分的维修、更新和改造

C. 建筑物及其附属设施的维修资金的筹集、使用情况可以视情况公布

D. 紧急情况下需要维修建筑物及其附属设施的，业主大会或者业主委员会可以依法申请使用建筑物及其附属设施的维修资金

15. 关于建筑物及其附属设施的费用分摊、收益分配，以下说法错误的是：(　　)

A. 建筑物及其附属设施的费用分摊，有约定的，按照约定

B. 建筑物及其附属设施的收益分配，有约定的，按照约定

C. 没有约定或者约定不明确的，按照业主人数占比确定

D. 没有约定或者约定不明确的，按照业主专有部分面积所占比例确定

16. 关于委托管理，以下说法错误的是：(　　)

A. 物业服务企业或者其他管理人根据业主的委托，依照物业服务合同的有关规定管理建筑区划内的建筑物及其附属设施

B. 物业服务企业或者其他管理人根据业主的委托管理，并接受业主的监督

C. 物业服务企业或者其他管理人应当及时答复业主对物业服务情况提出的询问

D. 物业服务企业或者其他管理人应当书面答复业主对物业服务情况提出的询问

17. 关于共有，以下说法错误的是：(　　)

A. 不动产可以由两个以上组织、个人按份共有

B. 按份共有人对共有的不动产或者动产共同享有所有权

C. 共有包括按份共有和共同共有

D. 动产可以由两个以上组织、个人按份共有

18. 关于共有物的分割，以下说法错误的是：(　　)

A. 因分割造成其他共有人损害的，可以给予适当补偿

B. 共有人有重大理由需要分割的，可以请求分割

C. 没有约定或者约定不明确的，按份共有人可以随时请求分割，共同共有人在共有的基础丧失或者有重大理由需要分割时可以请求分割

D. 共有人约定不得分割共有的不动产或者动产，以维持共有关系的，应当按照约定

19. 关于建筑物、构筑物及其附属设施，以下说法错误的是：(　　)

A. 建筑物、构筑物及其附属设施转让的，该建筑物、构筑物及其附属设施占用范围内的建设用地使用权一并处分

B. 建筑物、构筑物及其附属设施赠与的，该建筑物、构筑物及其附属设施占用范围内的建设用地使用权分别处分

C. 建筑物、构筑物及其附属设施出资的，该建筑物、构筑物及其附属设施占用范围内的建设用地使用权一并处分

D. 建筑物、构筑物及其附属设施互换的，该建筑物、构筑物及其附属设施占用范围内的建设用地使用权一并处分

20. 关于住宅建设用地使用权期限，以下说法错误的是：(　　)

A. 住宅建设用地使用权期限届满的，依照法律、行政法规和规章的规定续期

B. 续期费用的缴纳或者减免，依照法律、行政法规的规定办理

C. 非住宅建设用地使用权期限届满后的续期，依照法律规定办理

D. 该土地上的房屋及其他不动产的归属，有约定的，按照约定

21. 下列哪种协议，适用民法典合同编的规定？(　　)

A. 租房　　　　B. 结婚

C. 离婚　　　　D. 收养

22. 买卖合同是出卖人转移标的物的(　　)于买受人，买受人支付价款的合同。

A. 使用权　　　　B. 占有权

C. 收益权　　　　D. 所有权

23. 关于受赠人的交付请求权，以下表述错误的是：(　　)

A. 赠与人不得撤销赠与，赠与人不交付赠与财产的，受赠人可以请求交付

B. 经过公证的赠与合同，赠与人不交付赠与财产的，受赠人可以请求交付

C. 依法不得撤销的具有公益性质的赠与合同，赠与人不交付赠与财产的，受赠人可以请求交付

D. 依法不得撤销的具有道德义务性质的赠与合同，赠与人不交付赠与财

产的，受赠人可以请求交付

24. 赠与合同中，赠与的财产有瑕疵的，下列哪一选项不符合法律规定？（　　）

A. 赠与人不承担责任

B. 附义务的赠与，赠与人在附义务的限度内承担与出卖人相同的责任

C. 赠与人保证无瑕疵，造成受赠人损失的，应当承担赔偿责任

D. 赠与人因过失未告知瑕疵，造成受赠人损失的，赠与人应当承担赔偿责任

25. 赠与合同中，赠与人的继承人或者法定代理人的撤销权，自知道或者应当知道撤销事由之日起（　　）内行使。

A. 3个月　　B. 6个月

C. 1年　　D. 3年

26. 根据《民法典》的规定，房屋租赁合同中，出租人出卖租赁房屋的，在出卖之前的合理期限内通知承租人后，承租人在（　　）日内未明确表示购买的，视为承租人放弃优先购买权。

A. 15　　B. 10

C. 30　　D. 45

27. 建设单位依法与物业服务人订立的前期物业服务合同约定的服务期限届满前，业主委员会或者业主与新物业服务人订立的物业服务合同____的，前期物业服务合同____。关于空格处依次填写的内容，下列哪项说法是正确的？（　　）

A. 成立；终止　　B. 生效；撤销

C. 生效；终止　　D. 成立；撤销

28. 物业合同中，关于物业服务人的义务，下列哪项说法是错误的？（　　）

A. 妥善维修、养护、清洁、绿化和经营管理物业服务区域内的业主共有部分

B. 维护物业服务区域内的基本秩序

C. 对物业服务区域内违反有关治安、环保、消防等法律法规的行为，可以采取一切必要措施制止、向有关行政主管部门报告并代为处理

D. 采取合理措施保护业主的人身、财产安全

29. 业主违反约定逾期不支付物业费的，物业服务人可以采取的措施不包括：(　　)

A. 停止供水、供电

B. 催告业主在合理期限内支付

C. 业主在合理期限内仍不支付的，物业服务人可以提起诉讼

D. 业主在合理期限内仍不支付的，物业服务人可以申请仲裁

30. 业主依照法定程序共同决定解聘物业服务人的，可以解除物业服务合同。决定解聘的，应当提前(　　)日书面通知物业服务人，但是合同对通知期限另有约定的除外。

A. 30　　B. 60

C. 90　　D. 45

31. 物业服务合同中，当事人可以随时解除不定期物业服务合同，但是应当提前(　　)日书面通知对方。

A. 45　　B. 30

C. 90　　D. 60

32. 死者的姓名、肖像、名誉、荣誉、隐私、遗体等受到侵害的，有权依法请求行为人承担民事责任的优先顺序是：(　　)

A. 祖父母、外祖父母　　B. 配偶、子女、父母

C. 兄弟姐妹　　D. 其他亲属

33. 下列哪一选项不属于禁止结婚的亲属关系？(　　)

A. 堂兄妹　　B. 姑表兄妹

C. 姨（舅）表兄妹　　D. 无血缘关系的继兄妹

34. 下列哪一选项属于婚姻可撤销的情形？(　　)

A. 重婚　　B. 因胁迫结婚

C. 未到法定婚龄　　D. 有禁止结婚的亲属关系

35. 自书遗嘱中可以不包括的事项是：(　　)

A. 遗嘱人亲笔书写内容　　B. 遗嘱人签名

C. 遗嘱人按手印　　D. 遗嘱人注明年、月、日

36. 关于遗赠扶养协议，以下表述错误的是：(　　)

A. 遗赠扶养协议的扶养人应该在法定继承人顺序范围内选取

B. 遗赠扶养协议的扶养人承担生养死葬的义务

C. 遗赠扶养协议的扶养人享有接受遗赠的权利

D. 同时存在有效的遗嘱、遗赠扶养协议的，优先按照遗赠扶养协议办理

37. 关于无人继承又无人受遗赠遗产，以下表述正确的是：（　　）

A. 一律归国家所有　　B. 用于公益事业

C. 用于社会事业　　D. 用于公共事业

（三）多项选择题

1. 我国民法的基本原则有：（　　）

A. 平等、自愿、公平原则　　B. 诚信原则

C. 守法与公序良俗原则　　D. 绿色原则

2. 下列可以证明自然人出生时间的有：（　　）

A. 出生证明记载的时间　　B. 户籍登记的时间

C. 身份证登记的时间　　D. 军人身份证件登记的时间

3. 失踪人的财产由（　　）代管。

A. 其配偶

B. 其成年子女

C. 其父母

D. 其他愿意担任财产代管人的人

4. 自然人享有的权利包括：（　　）

A. 身体权　　B. 肖像权

C. 荣誉权　　D. 婚姻自主权

5. 物权包括：（　　）

A. 著作权　　B. 所有权

C. 用益物权　　D. 担保物权

6. 关于动产物权的设立和转让，以下说法错误的有：（　　）

A. 动产物权的设立和转让，自登记时发生效力，但是法律另有规定的除外

B. 动产物权的设立和转让，自合同成立时发生效力，但是法律另有规定的除外

C. 动产物权的设立和转让，自合同生效时发生效力，但是法律另有规定

的除外

D. 动产物权的设立和转让，自交付时发生效力，但是法律另有规定的除外

7. 造成不动产或者动产毁损的，权利人可以依法请求（　　）。

A. 修理　　B. 重作

C. 更换　　D. 恢复原状

8. 关于建筑区划内共有的范围，以下说法正确的有：（　　）

A. 建筑区划内的绿地，原则上属于业主共有

B. 建筑区划内的道路，属于业主共有，但是属于城镇公共道路的除外

C. 建筑区划内的绿地，属于城镇公共绿地或者明示属于个人的，不属于业主共有

D. 建筑区划内的其他公共场所、公用设施和物业服务用房，属于业主共有

9. 关于业主共同决定的事项，以下说法正确的有：（　　）

A. 制定和修改业主大会议事规则，应当经参与表决专有部分面积过半数的业主且参与表决人数过半数的业主同意

B. 选聘和解聘物业服务企业或者其他管理人，应当经参与表决专有部分面积过半数的业主且参与表决人数过半数的业主同意

C. 改建、重建建筑物及其附属设施，应当经参与表决专有部分面积 3/4 以上的业主且参与表决人数 3/4 以上的业主同意

D. 使用建筑物及其附属设施的维修资金，应当经参与表决专有部分面积过半数的业主且参与表决人数过半数的业主同意

10. 关于住宅改为经营性用房的条件，以下说法正确的有：（　　）

A. 业主不得违反法律、法规以及管理规约，将住宅改变为经营性用房

B. 业主将住宅改变为经营性用房的，需遵守法律、法规以及管理规约

C. 业主将住宅改变为经营性用房的，应当经有利害关系的业主一致同意

D. 业主将住宅改变为经营性用房的，应当经全体业主一致同意

11. 关于业主大会、业主委员会的决定，以下说法正确的有：（　　）

A. 业主大会的决定，对业主具有法律约束力

B. 业主大会或者业主委员会作出的决定侵害业主合法权益的，受侵害的业主可以请求人民法院予以撤销

C. 业主委员会的决定，对业主具有法律约束力

D. 业主大会或者业主委员会作出的决定侵害业主合法权益的，任何业主均可以请求人民法院予以撤销

12. 关于利用业主的共有部分产生的收入归属，以下说法正确的有：（　　）

A. 建设单位利用业主的共有部分产生的收入，在扣除合理成本之后，属于业主共有

B. 物业服务企业利用业主的共有部分产生的收入，在扣除合理成本之后，属于业主共有

C. 其他管理人利用业主的共有部分产生的收入，在扣除合理成本之后，属于业主共有

D. 物业服务企业利用业主的共有部分产生的收入，在扣除合理成本之后，属于业主个人所有

13. 关于业主权益的保护，以下说法正确的有：（　　）

A. 业主对建设单位侵害自己合法权益的行为，有权请求其承担民事责任

B. 业主对物业服务企业侵害自己合法权益的行为，有权请求其承担民事责任

C. 业主对其他管理人侵害自己合法权益的行为，有权请求其承担民事责任

D. 业主对物业服务企业侵害其他业主合法权益的行为，有权请求其承担民事责任

14. 关于按份共有，以下说法正确的有：（　　）

A. 不动产可以由两个以上组织、个人按份共有

B. 动产可以由两个以上组织、个人按份共有

C. 按份共有人对共有的不动产按照其份额享有所有权

D. 按份共有人对共有的动产按照其份额享有所有权

15. 关于共有人对共有物的管理费用以及其他负担的分担，以下说法正确的有：（　　）

A. 有约定的，按照其约定

B. 没有约定的，按份共有人按照其份额负担

C. 没有约定的，共同共有人共同负担

D. 约定不明确的，按份共有人平均负担

16. 关于按份共有份额的确定，以下说法正确的有：(　　)

A. 按份共有份额确定的前提是，按份共有人对共有的份额没有约定或者约定不明确

B. 没有约定或者约定不明确的，按照出资额确定

C. 不能确定出资额的，视为等额享有

D. 不能确定出资额的，视为单独所有

17. 建设用地使用权人有权将建设用地使用权(　　)，但是法律另有规定的除外。

A. 转让　　B. 互换

C. 出资　　D. 赠与或者抵押

18. 居住权合同一般包括下列条款：(　　)

A. 当事人的姓名或者名称和住所　　B. 住宅的位置

C. 居住的条件和要求　　D. 居住权期限

19. 关于试用买卖合同中的试用期限，以下表述正确的有：(　　)

A. 当事人可以约定标的物的试用期限

B. 对试用期限没有约定或者约定不明确，可以由当事人协议补充

C. 标的物在试用期内毁损、灭失的风险由买受人承担

D. 对试用期限没有约定或者约定不明确，当事人无法协议补充又无法按照合同相关条款或交易习惯确定的，由买受人确定

20. 物业服务合同的条款内容包括：(　　)

A. 服务事项、服务质量

B. 服务费用的标准和收取办法

C. 维修资金的使用

D. 服务用房的管理和使用、服务期限、服务交接

21. 物业服务合同中，关于物业服务人的转委托，下列哪些说法是错误的？(　　)

A. 物业服务人可以将物业服务区域内的部分专项服务事项委托给专业性服务组织或者其他第三人

B. 物业服务人不可以将物业服务区域内的部分专项服务事项委托给专业性服务组织或者其他第三人

C. 物业服务人可以将全部物业服务支解后分别转委托给第三人

D. 物业服务人可以将其应当提供的全部物业服务转委托给第三人

22. 物业合同中，物业服务人需定期公开和报告的事项包括：（　　）

A. 服务的事项、负责人员、质量要求

B. 收费项目、收费标准、履行情况

C. 维修资金使用情况

D. 业主共有部分的经营和收益情况

23. 关于夫妻在婚姻家庭关系中的地位，下列哪些说法是正确的？（　　）

A. 夫妻双方平等享有对未成年子女抚养、教育和保护的权利

B. 夫妻在家庭中地位平等

C. 夫妻双方都有参加生产、工作、学习和社会活动的自由

D. 夫妻双方都有各自使用自己姓名的权利

24. 小吴在一次外出时不幸遇难，留下财产若干。下列哪些人有权继承小吴的遗产？（　　）

A. 小吴的父亲　　B. 小吴的母亲

C. 小吴的妻子　　D. 小吴的儿子

25. 下列哪些财产属于夫妻一方的个人财产？（　　）

A. 一方的婚前财产

B. 一方因受到人身损害获得的赔偿金、补偿金

C. 遗嘱中确定只归一方的财产

D. 双方共用的生活用品

26. 下列关于夫妻财产的约定，哪些选项符合法律规定？（　　）

A. 工资收入归夫妻共同所有

B. 股票投资所得收益归投资一方所有

C. 婚后一方所负个人债务，由该方以个人财产清偿

D. 婚前一方购买的房屋归夫妻共同所有

27. 关于“离婚冷静期”，下列哪些说法是错误的？（　　）

A. 任何一方不愿意离婚的，可以随时向婚姻登记机关撤回离婚登记申请

B. 自婚姻登记机关收到离婚登记申请之日起满 60 日，双方未到婚姻登记机关撤回离婚登记申请的，婚姻登记机关应当发给离婚证

C. 自婚姻登记机关收到离婚登记申请之日起 30 日内，任何一方不愿意离婚的，可以向婚姻登记机关撤回离婚登记申请

D. C 项规定期限届满后 15 日内，双方应当亲自到婚姻登记机关申请发给离婚证；未申请的，视为撤回离婚登记申请

28. 人民法院审理离婚案件，下列哪些情形下，经调解无效的，应当准予离婚？（　　）

A. 重婚或者与他人同居

B. 有赌博、吸毒等恶习屡教不改

C. 因感情不和分居满 2 年

D. 实施家庭暴力或者虐待、遗弃家庭成员

29. 关于法定继承人的继承顺序，以下表述正确的有：（　　）

A. 第一顺序：配偶、子女

B. 第二顺序：兄弟姐妹、祖父母、外祖父母

C. 子女包括继子女

D. 兄弟姐妹包括同父异母的兄弟姐妹

30. （　　）对公婆、岳父母尽主要赡养义务的，作为第一顺序继承人。

A. 丧偶儿媳　　B. 已离婚儿媳

C. 丧偶女婿　　D. 已离婚女婿

31. 以下继承人以外的人，可以分给适当的遗产的有：（　　）

A. 依靠被继承人扶养的人

B. 对被继承人扶养较多的人

C. 和被继承人共同居住的人

D. 与被继承人关系亲密的邻居

（四）填空题

1. 民事主体从事民事活动，不得违反____，不得违背____。

2. 被宣告死亡的人，人民法院宣告死亡的____视为其死亡的日期；因意外事件下落不明宣告死亡的，____视为其死亡的日期。

3. 被撤销死亡宣告的人有权请求依照本法第六编取得其财产的民事主体____；无法返还的，应当给予____。

4. 妨害物权或者可能妨害物权的，权利人可以请求____或者____。
5. 所有权人对自己的不动产或者动产，依法享有____、____、____和____的权利。
6. 业主对建筑物内的住宅、经营性用房等____享有所有权，对专有部分以外的____享有共有和共同管理的权利。
7. 业主对建筑物专有部分以外的共有部分，享有权利，承担义务；不得以____为由不履行义务。业主转让建筑物内的住宅、经营性用房，其对共有部分享有的共有和共同管理的权利____。
8. 业主不得违反法律、法规以及管理规约，将住宅改变为经营性用房。业主将住宅改变为经营性用房的，除遵守法律、法规以及管理规约外，____经有利害关系的业主____。
9. 建设单位、物业服务企业或者其他管理人等利用业主的共有部分产生的收入，在扣除合理成本之后，属于____。
10. 不动产的相邻权利人应当按照____、____、____、____的原则，正确处理相邻关系。
11. 不动产权利人应当为相邻权利人用水、排水提供____。对自然流水的利用，应当在不动产的相邻权利人之间____。对自然流水的排放，应当尊重自然流向。
12. 建造建筑物，不得违反国家有关工程建设标准，不得妨碍相邻建筑物的____、____和____。
13. 居住权人有权按照合同约定，对他人的住宅享有____、____的用益物权，以满足生活居住的需要。
14. 租赁合同中，出租人应当按照约定将租赁物交付承租人，并在____内保持租赁物____的用途。
15. 租赁合同中，承租人按照____或者根据租赁物的性质使用租赁物，致使租赁物受到____的，不承担赔偿责任。
16. 租赁合同中，____应当履行租赁物的维修义务，但是当事人另有约定的除外。
17. 保管人应当____保管物。当事人可以约定保管____或者____。除紧急情况或者为维护寄存人利益外，不得擅自改变保管场所或者方法。

18. ____或者____禁止结婚。
19. 登记结婚后，按照男女双方约定，女方____成为男方家庭的成员，男方____成为女方家庭的成员。
20. 因胁迫结婚的，受胁迫的一方可以向____请求撤销婚姻。请求撤销婚姻的，应当自____之日起____年内提出。被非法限制人身自由的当事人请求撤销婚姻的，应当自____之日起____年内提出。
21. 夫妻一方隐藏、转移、变卖、毁损、挥霍____，或者____企图侵占另一方财产的，在离婚分割夫妻共同财产时，对该方____少分或者不分。离婚后，另一方发现有上述行为的，可以向人民法院提起诉讼，请求____夫妻共同财产。
22. 遗产第一顺序继承人有____、____、____。
23. 丧偶儿媳对公婆，丧偶女婿对岳父母，尽了____的，作为____。
24. 对继承人以外的依靠被继承人扶养的人，或者继承人以外的对被继承人扶养较多的人，____。

（五）简答题

1. 简述我国民法的基本原则。
2. 简述动产物权的变动。
3. 简述租赁合同中非承租人构成根本性违约时，承租人可以解除合同的情形。
4. 在婚姻存续期间，哪些财产为夫妻共同财产？
5. 简述民法典关于“离婚冷静期”的规定。
6. 简述收养人办理收养的条件。
7. 简述民法典关于建筑物、构筑物或者其他设施倒塌、塌陷致害责任的规定。

参考答案

（一）判断题

1. ×，解析：《民法典》第2条规定，民法调整平等主体的自然人、法人和非法人组织之间的人身关系和财产关系。

2. ×，解析：《民法典》第 17 条规定，18 周岁以上的自然人为成年人。不满 18 周岁的自然人为未成年人。

3. √，解析：《民法典》第 42 条。

4. ×，解析：《民法典》第 46 条规定，自然人有下列情形之一的，利害关系人可以向人民法院申请宣告该自然人死亡：（1）下落不明满 4 年；（2）因意外事件，下落不明满 2 年。因意外事件下落不明，经有关机关证明该自然人不可能生存的，申请宣告死亡不受 2 年时间的限制。

5. √，解析：《民法典》第 115 条。

6. ×，解析：《民法典》第 124 条规定，自然人依法享有继承权。自然人合法的私有财产，可以依法继承。

7. ×，解析：《民法典》第 208 条规定，不动产物权的设立、变更、转让和消灭，应当依照法律规定登记。动产物权的设立和转让，应当依照法律规定交付。

8. ×，解析：《民法典》第 209 条规定，不动产物权的设立、变更、转让和消灭，经依法登记，发生效力；未经登记，不发生效力，但是法律另有规定的除外。依法属于国家所有的自然资源，所有权可以不登记。

9. √，解析：《民法典》第 211 条规定，当事人申请登记，应当根据不同登记事项提供权属证明和不动产界址、面积等必要材料。

10. ×，解析：《民法典》第 213 条规定，登记机构不得有下列行为：（1）要求对不动产进行评估；（2）以年检等名义进行重复登记；（3）超出登记职责范围的其他行为。

11. ×，解析：《民法典》第 290 条规定，不动产权利人应当为相邻权利人用水、排水提供必要的便利。对自然流水的利用，应当在不动产的相邻权利人之间合理分配。对自然流水的排放，应当尊重自然流向。

12. ×，解析：《民法典》第 291 条规定，不动产权利人对相邻权利人因通行等必须利用其土地的，应当提供必要的便利。

13. ×，解析：《民法典》第 296 条规定，不动产权利人因用水、排水、通行、铺设管线等利用相邻不动产的，应当尽量避免对相邻的不动产权利人造成损害。

14. √，解析：《民法典》第 366 条规定，居住权人有权按照合同约定，对他人的住宅享有占有、使用的用益物权，以满足生活居住的需要。

15. √，解析：《民法典》第 596 条。
16. √，解析：《民法典》第 626 条。
17. ×，解析：《民法典》第 658 条规定，赠与人在赠与财产的权利转移之前可以撤销赠与。经过公证的赠与合同或者依法不得撤销的具有救灾、扶贫、助残等公益、道德义务性质的赠与合同，不适用前款规定。
18. √，解析：《民法典》第 942 条第 2 款。
19. √，解析：《民法典》第 944 条第 1 款。
20. ×，解析：《民法典》第 946 条第 1 款规定，业主依照法定程序共同决定解聘物业服务人的，可以解除物业服务合同。决定解聘的，应当提前 60 日书面通知物业服务人，但是合同对通知期限另有约定的除外。
21. ×，解析：《民法典》第 948 条第 2 款规定，当事人可以随时解除不定期物业服务合同，但是应当提前 60 日书面通知对方。
22. √，解析：《民法典》第 1041 条第 1、2 款规定，婚姻家庭受国家保护。实行婚姻自由、一夫一妻、男女平等的婚姻制度。
23. ×，解析：《民法典》第 1045 条第 3 款规定，配偶、父母、子女和其他共同生活的近亲属为家庭成员。
24. ×，解析：《民法典》第 1093 条规定，下列未成年人，可以被收养：（1）丧失父母的孤儿；（2）查找不到生父母的未成年人；（3）生父母有特殊困难无力抚养的子女。
25. ×，解析：《民法典》第 1095 条规定，未成年人的父母均不具备完全民事行为能力且可能严重危害该未成年人的，该未成年人的监护人可以将其送养。
26. ×，解析：《民法典》第 1097 条规定，生父母送养子女，应当双方共同送养。生父母一方不明或者查找不到的，可以单方送养。
27. ×，解析：《民法典》第 1136 条规定，打印遗嘱应当有两个以上见证人在场见证。遗嘱人和见证人应当在遗嘱每一页签名，注明年、月、日。
28. ×，解析：《民法典》第 1138 条规定，遗嘱人在危急情况下，可以立口头遗嘱。口头遗嘱应当有两个以上见证人在场见证。危急情况消除后，遗嘱人能够以书面或者录音录像形式立遗嘱的，所立的口头遗嘱无效。

（二）单项选择题

1. B，解析：《民法典》第 6 条规定，民事主体从事民事活动，应当遵循公平原则，合理确定各方的权利和义务。
2. C，解析：《民法典》第 7 条规定，民事主体从事民事活动，应当遵循诚信原则，秉持诚实，恪守承诺。

3. C，解析：《民法典》第 18 条规定，成年人为完全民事行为能力人，可以独立实施民事法律行为。16 周岁以上的未成年人，以自己的劳动收入为主要生活来源的，视为完全民事行为能力人。
4. B，解析：《民法典》第 29 条规定，被监护人的父母担任监护人的，可以通过遗嘱指定监护人。
5. A，解析：《民法典》第 46 条规定，自然人有下列情形之一的，利害关系人可以向人民法院申请宣告该自然人死亡：（1）下落不明满 4 年；（2）因意外事件，下落不明满 2 年。因意外事件下落不明，经有关机关证明该自然人不可能生存的，申请宣告死亡不受 2 年时间的限制。
6. B，解析：《民法典》第 208 条规定，不动产物权的设立、变更、转让和消灭，应当依照法律规定登记。动产物权的设立和转让，应当依照法律规定交付。
7. A，解析：《民法典》第 216 条规定，不动产登记簿是物权归属和内容的根据。不动产登记簿由登记机构管理。
8. C，解析：《民法典》第 218 条规定，权利人、利害关系人可以申请查询、复制不动产登记资料，登记机构应当提供。第 219 条规定，利害关系人不得公开、非法使用权利人的不动产登记资料。
9. C，解析：《民法典》第 240 条规定，所有权人对自己的不动产或者动产，依法享有占有、使用、收益和处分的权利。所有权是最完全的物权。
10. C，解析：《民法典》第 271 条规定，业主对建筑物内的住宅、经营性用房等专有部分享有所有权，对专有部分以外的共有部分享有共有和共同管理的权利。
11. A，解析：《民法典》第 272 条规定，业主对其建筑物专有部分享有占有、使用、收益和处分的权利。业主行使权利不得危及建筑物的安全，不得损害其他业主的合法权益。
12. D，解析：《民法典》第 273 条规定，业主对建筑物专有部分以外的共有部分，享有权利，承担义务；不得以放弃权利为由不履行义务。业主转让建筑物内的住宅、经营性用房，其对共有部分享有的共有和共同管理的权利一并转让。
13. D，解析：《民法典》第 275 条规定，建筑区划内，规划用于停放汽车的车位、车库的归属，由当事人通过出售、附赠或者出租等方式约定。占用业主共有的道路或者其他场地用于停放汽车的车位，属于业主共有。

14. C，解析：《民法典》第 281 条规定，建筑物及其附属设施的维修资金，属于业主共有。经业主共同决定，可以用于电梯、屋顶、外墙、无障碍设施等共有部分的维修、更新和改造。建筑物及其附属设施的维修资金的筹集、使用情况应当公布。紧急情况下需要维修建筑物及其附属设施的，业主大会或者业主委员会可以依法申请使用建筑物及其附属设施的维修资金。

15. C，解析：《民法典》第 283 条规定，建筑物及其附属设施的费用分摊、收益分配等事项，有约定的，按照约定；没有约定或者约定不明确的，按照业主专有部分面积所占比例确定。

16. D，解析：《民法典》第 285 条规定，物业服务企业或者其他管理人根据业主的委托，依照本法第三编有关物业服务合同的规定管理建筑区划内的建筑物及其附属设施，接受业主的监督，并及时答复业主对物业服务情况提出的询问。物业服务企业或者其他管理人应当执行政府依法实施的应急处置措施和其他管理措施，积极配合开展相关工作。

17. B，解析：《民法典》第 298 条规定，按份共有人对共有的不动产或者动产按照其份额享有所有权。第 299 条规定，共同共有人对共有的不动产或者动产共同享有所有权。

18. A，解析：《民法典》第 303 条规定，共有人约定不得分割共有的不动产或者动产，以维持共有关系的，应当按照约定，但是共有人有重大理由需要分割的，可以请求分割；没有约定或者约定不明确的，按份共有人可以随时请求分割，共同共有人在共有的基础丧失或者有重大理由需要分割时可以请求分割。因分割造成其他共有人损害的，应当给予赔偿。

19. B，解析：《民法典》第 357 条规定，建筑物、构筑物及其附属设施转让、互换、出资或者赠与的，该建筑物、构筑物及其附属设施占用范围内的建设用地使用权一并处分。

20. A，解析：《民法典》第 359 条规定，住宅建设用地使用权期限届满的，自动续期。续期费用的缴纳或者减免，依照法律、行政法规的规定办理。非住宅建设用地使用权期限届满后的续期，依照法律规定办理。该土地上的房屋及其他不动产的归属，有约定的，按照约定；没有约定或者约定不明确的，依照法律、行政法规的规定办理。

21. A，解析：《民法典》第 464 条第 2 款规定，婚姻、收养、监护等有关身份关系的协议，适用有关该身份关系的法律规定。

22. D，解析：《民法典》第595条规定，买卖合同是出卖人转移标的物的所有权于买受人，买受人支付价款的合同。

23. A，解析：《民法典》第658条规定，赠与人在赠与财产的权利转移之前可以撤销赠与。经过公证的赠与合同或者依法不得撤销的具有救灾、扶贫、助残等公益、道德义务性质的赠与合同，不适用前款规定。第660条第1款规定，经过公证的赠与合同或者依法不得撤销的具有救灾、扶贫、助残等公益、道德义务性质的赠与合同，赠与人不交付赠与财产的，受赠人可以请求交付。

24. D，解析：《民法典》第662条规定，赠与的财产有瑕疵的，赠与人不承担责任。附义务的赠与，赠与的财产有瑕疵的，赠与人在附义务的限度内承担与出卖人相同的责任。赠与人故意不告知瑕疵或者保证无瑕疵，造成受赠人损失的，应当承担赔偿责任。

25. B，解析：《民法典》第664条第2款规定，赠与人的继承人或者法定代理人的撤销权，自知道或者应当知道撤销事由之日起6个月内行使。

26. A，解析：《民法典》第726条第2款规定，出租人履行通知义务后，承租人在15日内未明确表示购买的，视为承租人放弃优先购买权。

27. C，解析：《民法典》第940条规定，建设单位依法与物业服务人订立的前期物业服务合同约定的服务期限届满前，业主委员会或者业主与新物业服务人订立的物业服务合同生效的，前期物业服务合同终止。

28. C，解析：《民法典》第942条规定，物业服务人应当按照约定和物业的使用性质，妥善维修、养护、清洁、绿化和经营管理物业服务区域内的业主共有部分，维护物业服务区域内的基本秩序，采取合理措施保护业主的人身、财产安全。对物业服务区域内违反有关治安、环保、消防等法律法规的行为，物业服务人应当及时采取合理措施制止、向有关行政主管部门报告并协助处理。

29. A，解析：《民法典》第944条第2款规定，业主违反约定逾期不支付物业费的，物业服务人可以催告其在合理期限内支付；合理期限届满仍不支付的，物业服务人可以提起诉讼或者申请仲裁。

30. B，解析：《民法典》第946条第1款规定，业主依照法定程序共同决定解聘物业服务人的，可以解除物业服务合同。决定解聘的，应当提前60日书面通知物业服务人，但是合同对通知期限另有约定的除外。

31. D，解析：《民法典》第948条第2款规定，当事人可以随时解除不定期物业服务合同，但是应当提前60日书面通知对方。

32. B，解析：《民法典》第994条规定，死者的姓名、肖像、名誉、荣誉、隐私、遗体等受到侵害的，其配偶、子女、父母有权依法请求行为人承担民事责任；死者没有配偶、子女并且父母已经死亡的，其他近亲属有权依法请求行为人承担民事责任。

33. D，解析：《民法典》第1048条规定，直系血亲或者三代以内的旁系血亲禁止结婚。

34. B，解析：《民法典》第1052条规定，因胁迫结婚的，受胁迫的一方可以向人民法院请求撤销婚姻。请求撤销婚姻的，应当自胁迫行为终止之日起1年内提出。被非法限制人身自由的当事人请求撤销婚姻的，应当自恢复人身自由之日起1年内提出。

35. C，解析：《民法典》第1134规定，自书遗嘱由遗嘱人亲笔书写，签名，注明年、月、日。

36. A，解析：《民法典》第1123条规定，继承开始后，按照法定继承办理；有遗嘱的，按照遗嘱继承或者遗赠办理；有遗赠扶养协议的，按照协议办理。第1158条规定，自然人可以与继承人以外的组织或者个人签订遗赠扶养协议。按照协议，该组织或者个人承担该自然人生养死葬的义务，享有受遗赠的权利。

37. B，解析：《民法典》第1160条规定，无人继承又无人受遗赠的遗产，归国家所有，用于公益事业；死者生前是集体所有制组织成员的，归所在集体所有制组织所有。

（三）多项选择题

1. ABCD，解析：根据《民法典》第4条至第9条规定，我国民法的基本原则包括平等原则、自愿原则、公平原则、诚信原则、守法与公序良俗原则以及绿色原则。

2. ABCD，解析：《民法典》第15条规定，自然人的出生时间和死亡时间，以出生证明、死亡证明记载的时间为准；没有出生证明、死亡证明的，以户籍登记或者其他有效身份登记记载的时间为准。有其他证据足以推翻以上记载时间的，以该证据证明的时间为准。

3. ABCD，解析：《民法典》第42条规定，失踪人的财产由其配偶、成年子女、父母或者其他愿意担任财产代管人的人代管。代管有争议，没有前款规定的人，或者前款规定的人无代管能力的，由人民法院指定的人代管。

4. ABCD，解析：《民法典》第 110 条规定，自然人享有生命权、身体权、健康权、姓名权、肖像权、名誉权、荣誉权、隐私权、婚姻自主权等权利。法人、非法人组织享有名称权、名誉权和荣誉权。
5. BCD，解析：《民法典》第 114 条第 2 款规定，物权是权利人依法对特定的物享有直接支配和排他的权利，包括所有权、用益物权和担保物权。
6. ABC，解析：《民法典》第 224 条规定，动产物权的设立和转让，自交付时发生效力，但是法律另有规定的除外。
7. ABCD，解析：《民法典》第 237 条规定，造成不动产或者动产毁损的，权利人可以依法请求修理、重作、更换或者恢复原状。
8. ABCD，解析：《民法典》第 274 条规定，建筑区划内的道路，属于业主共有，但是属于城镇公共道路的除外。建筑区划内的绿地，属于业主共有，但是属于城镇公共绿地或者明示属于个人的除外。建筑区划内的其他公共场所、公用设施和物业服务用房，属于业主共有。
9. ABCD，解析：《民法典》第 278 条规定，下列事项由业主共同决定：（1）制定和修改业主大会议事规则；（2）制定和修改管理规约；（3）选举业主委员会或者更换业主委员会成员；（4）选聘和解聘物业服务企业或者其他管理人；（5）使用建筑物及其附属设施的维修资金；（6）筹集建筑物及其附属设施的维修资金；（7）改建、重建建筑物及其附属设施；（8）改变共有部分的用途或者利用共有部分从事经营活动；（9）有关共有和共同管理权利的其他重大事项。业主共同决定事项，应当由专有部分面积占比 2/3 以上的业主且人数占比 2/3 以上的业主参与表决。决定前款第 6 项至第 8 项规定的事项，应当经参与表决专有部分面积 3/4 以上的业主且参与表决人数 3/4 以上的业主同意。决定前款其他事项，应当经参与表决专有部分面积过半数的业主且参与表决人数过半数的业主同意。
10. ABC，解析：《民法典》第 279 条规定，业主不得违反法律、法规以及管理规约，将住宅改变为经营性用房。业主将住宅改变为经营性用房的，除遵守法律、法规以及管理规约外，应当经有利害关系的业主一致同意。
11. ABC，解析：《民法典》第 280 条规定，业主大会或者业主委员会的决定，对业主具有法律约束力。业主大会或者业主委员会作出的决定侵害业主合法权益的，受侵害的业主可以请求人民法院予以撤销。
12. ABC，解析：《民法典》第 282 条规定，建设单位、物业服务企业或者其他管理人等利用业主的共有部分产生的收入，在扣除合理成本之后，属于业主共有。

13. ABC，解析：《民法典》第 287 条规定，业主对建设单位、物业服务企业或者其他管理人以及其他业主侵害自己合法权益的行为，有权请求其承担民事责任。

14. ABCD，解析：《民法典》第 297 条规定，不动产或者动产可以由两个以上组织、个人共有。共有包括按份共有和共同共有。第 298 条规定，按份共有人对共有的不动产或者动产按照其份额享有所有权。

15. ABC，解析：《民法典》第 302 条规定，共有人对共有物的管理费用以及其他负担，有约定的，按照其约定；没有约定或者约定不明确的，按份共有人按照其份额负担，共同共有人共同负担。

16. ABC，解析：《民法典》第 309 条规定，按份共有人对共有的不动产或者动产享有的份额，没有约定或者约定不明确的，按照出资额确定；不能确定出资额的，视为等额享有。

17. ABCD，解析：《民法典》第 353 条规定，建设用地使用权人有权将建设用地使用权转让、互换、出资、赠与或者抵押，但是法律另有规定的除外。

18. ABCD，解析：《民法典》第 367 条规定，设立居住权，当事人应当采用书面形式订立居住权合同。居住权合同一般包括下列条款：（1）当事人的姓名或者名称和住所；（2）住宅的位置；（3）居住的条件和要求；（4）居住权期限；（5）解决争议的方法。

19. AB，解析：《民法典》第 510 条规定，合同生效后，当事人就质量、价款或者报酬、履行地点等内容没有约定或者约定不明确的，可以协议补充；不能达成补充协议的，按照合同相关条款或者交易习惯确定。第 637 条规定，试用买卖的当事人可以约定标的物的试用期限。对试用期限没有约定或者约定不明确，依据本法第 510 条的规定仍不能确定的，由出卖人确定。第 640 条规定，标的物在试用期内毁损、灭失的风险由出卖人承担。

20. ABCD，解析：根据《民法典》第 938 条第 1 款规定，物业服务合同的内容一般包括服务事项、服务质量、服务费用的标准和收取办法、维修资金的使用、服务用房的管理和使用、服务期限、服务交接等条款。

21. BCD，解析：《民法典》第 941 条规定，物业服务人将物业服务区域内的部分专项服务事项委托给专业性服务组织或者其他第三人的，应当就该部分专项服务事项向业主负责。物业服务人不得将其应当提供的全部物业服务转委托给第三人，或者将全部物业服务支解后分别转委托给第三人。

22. ABCD，解析：《民法典》第 943 条规定，物业服务人应当定期将服务的事项、负责人员、质量要求、收费项目、收费标准、履行情况，以及维修资金使用情况、业主共有部分的经营与收益情况等以合理方式向业主公开并向业主大会、业主委员会报告。

23. ABCD，解析：根据《民法典》第 1055 至 1058 条的规定，夫妻在婚姻家庭关系中地位平等。夫妻双方都有各自使用自己姓名的权利。夫妻双方都有参加生产、工作、学习和社会活动的自由，一方不得对另一方加以限制或者干涉。夫妻双方平等享有对未成年子女抚养、教育和保护的权利，共同承担对未成年子女抚养、教育和保护的义务。

24. ABCD，解析：《民法典》第 1061 条规定，夫妻有相互继承遗产的权利。第 1127 条第 1 款规定，遗产按照下列顺序继承：（1）第一顺序：配偶、子女、父母；（2）第二顺序：兄弟姐妹、祖父母、外祖父母。

25. ABC，解析：《民法典》第 1063 条规定，下列财产为夫妻一方的个人财产：（1）一方的婚前财产；（2）一方因受到人身损害获得的赔偿或者补偿；（3）遗嘱或者赠与合同中确定只归一方的财产；（4）一方专用的生活用品；（5）其他应当归一方的财产。

26. ABCD，解析：《民法典》第 1065 条规定，男女双方可以约定婚姻关系存续期间所得的财产以及婚前财产归各自所有、共同所有或者部分各自所有、部分共同所有。约定应当采用书面形式。没有约定或者约定不明确的，适用《民法典》第 1062 条、第 1063 条的规定。夫妻对婚姻关系存续期间所得的财产以及婚前财产的约定，对双方具有法律约束力。夫妻对婚姻关系存续期间所得的财产约定归各自所有，夫或者妻一方对外所负的债务，相对人知道该约定的，以夫或者妻一方的个人财产清偿。

27. ABD，解析：《民法典》第 1077 条规定，自婚姻登记机关收到离婚登记申请之日起 30 日内，任何一方不愿意离婚的，可以向婚姻登记机关撤回离婚登记申请。前款规定期限届满后 30 日内，双方应当亲自到婚姻登记机关申请发给离婚证；未申请的，视为撤回离婚登记申请。

28. ABCD，解析：《民法典》第 1079 条第 3 款规定，有下列情形之一，调解无效的，应当准予离婚：（1）重婚或者与他人同居；（2）实施家庭暴力或者虐待、遗弃家庭成员；（3）有赌博、吸毒等恶习屡教不改；（4）因感情不和分居满 2 年；（5）其他导致夫妻感情破裂的情形。

29. BD，解析：《民法典》第 1127 条规定，遗产按照下列顺序继承：（1）第一顺序：配偶、子女、父母；（2）第二顺序：兄弟姐妹、祖父母、外祖父母。继承开始后，由第一顺序继承人继承，第二顺序继承人不继承；没有第一顺序继承人继承的，由第二顺序继承人继承。本编所称子女，包括婚生子女、非婚生子女、养子女和有扶养关系的继子女。本编所称父母，包括生父母、养父母和有扶养关系的继父母。本编所称兄弟姐妹，包括同父母的兄弟姐妹、同父异母或者同母异父的兄弟姐妹、养兄弟姐妹、有扶养关系的继兄弟姐妹。

30. AC，解析：《民法典》第1129条规定，丧偶儿媳对公婆，丧偶女婿对岳父母，尽了主要赡养义务的，作为第一顺序继承人。

31. AB，解析：《民法典》第1131条规定，对继承人以外的依靠被继承人扶养的人，或者继承人以外的对被继承人扶养较多的人，可以分给适当的遗产。

（四）填空题

1. 法律；公序良俗。（《民法典》第8条）
2. 判决作出之日；意外事件发生之日。（《民法典》第48条）
3. 返还财产；适当补偿。（《民法典》第53条第1款）
4. 排除妨害；消除危险。（《民法典》第236条）
5. 占有；使用；收益；处分。（《民法典》第240条）
6. 专有部分；共有部分。（《民法典》第271条）
7. 放弃权利；一并转让。（《民法典》第273条）
8. 应当；一致同意。（《民法典》第279条）
9. 业主共有。（《民法典》第282条）
10. 有利生产；方便生活；团结互助；公平合理。（《民法典》第288条）
11. 必要的便利；合理分配。（《民法典》第290条）
12. 通风；采光；日照。（《民法典》第293条）
13. 占有；使用。（《民法典》第366条）
14. 租赁期限；符合约定。（《民法典》第708条）
15. 约定的方法；损耗。（《民法典》第710条）
16. 出租人。（《民法典》第712条）
17. 妥善保管；场所；方法。（《民法典》第892条）
18. 直系血亲；三代以内旁系血亲。（《民法典》第1048条）
19. 可以；可以。（《民法典》第1050条）
20. 人民法院；胁迫行为终止；1；恢复人身自由；1。（《民法典》第1052条）

21. 夫妻共同财产；伪造夫妻共同债务；可以；再次分割。（《民法典》第1092条）
22. 配偶；子女；父母。（《民法典》第1127条第1款）
23. 主要赡养义务；第一顺序继承人。（《民法典》第1129条）
24. 可以分给适当的遗产。（《民法典》第1131条）

（五）简答题

1. 答：根据《民法典》第4条至第9条规定，我国民法的基本原则有：平等原则、自愿原则、公平原则、诚信原则、守法与公序良俗原则和绿色原则。

（1）平等原则是指，民事主体在民事活动中的法律地位一律平等。

（2）自愿原则是指，民事主体从事民事活动，应当遵循自愿原则，按照自己的意思设立、变更、终止民事法律关系。

（3）公平原则是指，民事主体从事民事活动，应当遵循公平原则，合理确定各方的权利和义务。

（4）诚信原则是指，民事主体从事民事活动，应当遵循诚信原则，秉持诚实，恪守承诺。

（5）守法与公序良俗原则是指，民事主体从事民事活动，不得违反法律，不得违背公序良俗。

（6）绿色原则是指，民事主体从事民事活动，应当有利于节约资源、保护生态环境。

2. 答：动产物权的变动，是指动产物权的设立、变更、转让和消灭。动产物权变动需有能够引起物权变动的法律事实，主要包括法律行为、事件和事实行为、公法上的原因。通常可以将动产物权的变动分为基于法律行为的物权变动和非基于法律行为的物权变动。

（1）基于法律行为的动产物权变动，除法律另有规定外，以交付作为物权设立与转让的生效条件。交付是转移标的物占有的行为，交付方式包括：①现实交付，即将出让物置于受让人的实际控制之下。②简易交付，动产物权的受让人因合同业已占有出让人的出让物的，出让人与受让人达成物权转让合意或设立合意时，交付即完成。③指示交付，出让人的出让动产被第三人占有的，出让人将返还请求权让与受让人，并告知占有人向受让人交付该动产，交付即完成。④占有改定，出让人在转让物权后，仍需要继续占有出让的动产的，由出让人与受让人订立合同，由出让人继续占有该动产，在约定期限届满时，出让人再按约定将该动产交还受让人占有，即为占有改定。

（2）非基于法律行为的动产物权变动不需要公示。根据民法典物权编的相关规定，因人民法院、仲裁委员会的法律文书或者人民政府的征收决定等，导致物权设立、变更、转让或者消灭的，自法律文书或者人民政府的征收决定等生效时发生效力。因继承取得物权的，自继承开始时发生效力。因事实行为设立或者消灭物权的，自事实行为成就时发生效力。

3. 答：根据《民法典》第 724 条规定，有下列情形之一，非因承租人原因致使租赁物无法使用的，承租人可以解除合同：（1）租赁物被司法机关或者行政机关依法查封、扣押；（2）租赁物权属有争议；（3）租赁物具有违反法律、行政法规关于使用条件的强制性规定情形。

4. 答：根据《民法典》第 1062 条第 1 款规定，夫妻在婚姻关系存续期间所得的下列财产，为夫妻的共同财产，归夫妻共同所有：（1）工资、奖金、劳务报酬；（2）生产、经营、投资的收益；（3）知识产权的收益；（4）继承或者受赠的财产，但是本法第 1063 条第 3 项规定（遗嘱或者赠与合同中确定只归一方的财产）的除外；（5）其他应当归共同所有的财产。

5. 答：根据《民法典》第 1077 条规定，自婚姻登记机关收到离婚登记申请之日起 30 日内，任何一方不愿意离婚的，可以向婚姻登记机关撤回离婚登记申请。前款规定期限届满后 30 日内，双方应当亲自到婚姻登记机关申请发给离婚证；未申请的，视为撤回离婚登记申请。

6. 答：根据《民法典》第 1098、1099 条规定，在我国，收养人办理收养的，应当同时具备下列条件：（1）无子女或者只有一名子女；（2）有抚养、教育和保护被收养人的能力；（3）未患有在医学上认为不应当收养子女的疾病；（4）无不利于被收养人健康成长的违法犯罪记录；（5）年满 30 周岁。华侨收养三代以内旁系同辈血亲的子女，还可以不受“无子女或者只有一名子女”的限制。

7. 答：根据《民法典》第 1252 条规定，建筑物、构筑物或者其他设施倒塌、塌陷造成他人损害的，由建设单位与施工单位承担连带责任，但是建设单位与施工单位能够证明不存在质量缺陷的除外。建设单位、施工单位赔偿后，有其他责任人的，有权向其他责任人追偿。因所有人、管理人、使用人或者第三人的原因，建筑物、构筑物或者其他设施倒塌、塌陷造成他人损害的，由所有人、管理人、使用人或者第三人承担侵权责任。

六、城市居民委员会组织法

（一）判断题

1. 居民委员会应当开展便民利民的社区服务活动，可以兴办有关的服务事业。（　　）
2. 年满16周岁的本居住地区居民，不分民族、种族、性别、职业、家庭出身、宗教信仰、教育程度、财产状况、居住期限，都有选举权和被选举权；但是，依照法律被剥夺政治权利的人除外。（　　）
3. 居民委员会成员应当遵守宪法、法律、法规和国家的政策，办事公道，热心为居民服务。（　　）
4. 居民委员会根据需要设人民调解、治安保卫、公共卫生等委员会。居民委员会成员可以兼任下属的委员会的成员。居民较少的居民委员会可以不设下属的委员会，由居民委员会的成员分工负责有关工作。（　　）
5. 居民委员会办理本居住地区公益事业所需的费用，经居民会议讨论决定，可以根据自愿原则向居民筹集，也可以向本居住地区的受益单位筹集，但是必须经受益单位同意；收支账目可以不公布。（　　）
6. 依照法律被剥夺政治权利的人编入居民小组，居民委员会应当对他们进行监督和教育。（　　）

（二）单项选择题

1. 居民委员会主任、副主任和委员，由本居住地区全体有选举权的居民或者由每户派代表选举产生；根据居民意见，也可以由每个居民小组选举代表2至3人选举产生。居民委员会每届任期（　　）年，其成员可以连选连任。

   A. 5　　　　B. 10

   C. 3　　　　D. 2

2. 居民委员会向（　　）负责并报告工作。

A. 居民大会　　B. 居民会议

C. 居民委员会　　D. 区政府

3. 居民委员会决定问题，采取(　　)的原则。居民委员会进行工作，应当采取民主的方法，不得强迫命令。

A. 少数表决　　B. 多数服从少数

C. 少数服从多数　　D. 多数表决

4. 居民委员会可以分设若干居民(　　)，(　　)由居民小组推选。

A. 小组；小组长　　B. 队；小队长

C. 小区；小区长　　D. 团；小团长

5. 居民委员会的办公用房，由当地(　　)统筹解决。

A. 人民政府　　B. 党组织

C. 小区业主　　D. 民警

6. (　　)有权撤换和补选居民委员会成员。

A. 居民会议　　B. 居民委员会

C. 乡镇政府　　D. 县政府

（三）多项选择题

1. 居民委员会由主任、副主任和委员共(　　)人组成。多民族居住地区，居民委员会中应当有人数较少的民族的成员。

A. 5　　B. 6

C. 9　　D. 10

2. 市、市辖区的人民政府有关部门，需要居民委员会或者它的下属委员会协助进行的工作，应当经市、市辖区的(　　)同意并统一安排。市、市辖区的人民政府的有关部门，可以对居民委员会有关的下属委员会进行业务指导。

A. 人民政府　　B. 人民政府的派出机关

C. 党组织　　D. 领导

3. 居民会议由居民委员会召集和主持。有(　　)提议，应当召集居民会议。涉及全体居民利益的重要问题，居民委员会必须提请居民会议讨论决定。

A. 1/5 以上的 18 周岁以上的居民

B. 1/5 以上的户

C. 1/3 以上的居民小组

D. 1/3 以上的户

4. 居民委员会的工作经费和来源，居民委员会成员的生活补贴费的范围、标准和来源，由不设区的市、市辖区的(　　)规定并拨付；经居民会议同意，可以从居民委员会的经济收入中给予适当补助。

A. 人民政府　　B. 下级政府

C. 上级人民政府　　D. 财政部门

(四) 填空题

1. 为了加强____的建设，由城市居民群众依法办理群众自己的事情，促进城市基层社会主义民主和城市社会主义物质文明、精神文明建设的发展，根据宪法，制定本法。
2. 居民委员会是居民____、____、____的基层群众性自治组织。不设区的市、市辖区的人民政府或者它的派出机关对居民委员会的工作给予____、____和____。居民委员会协助不设区的市、市辖区的人民政府或者它的派出机关开展工作。
3. 居民委员会根据居民居住状况，按照便于居民自治的原则，一般在____至____的范围内设立。居民委员会的____、____、____，由不设区的市、市辖区的人民政府决定。
4. 居民会议由____周岁以上的居民组成。居民会议可以由全体 18 周岁以上的居民或者每户派代表参加，也可以由每个居民小组选举代表 2 至 3 人参加。居民会议必须有全体 18 周岁以上的居民、户的代表或者居民小组选举的代表的____出席，才能举行。会议的决定，由出席人的____通过。
5. 居民公约由居民会议讨论制定，报不设区的市、市辖区的人民政府或者它的派出机关备案，由____监督执行。居民应当遵守居民会议的决议和居民公约。居民公约的内容不得与____、____、____和____相抵触。
6. 多民族居住地区的居民委员会，应当教育居民____，____，加强民族团结。

（五）简答题

简述居民委员会的任务。

参考答案

（一）判断题

1. √，解析：《城市居民委员会组织法》第 4 条第 1 款规定，居民委员会应当开展便民利民的社区服务活动，可以兴办有关的服务事业。
2. ×，解析：《城市居民委员会组织法》第 8 条第 2 款规定，年满 18 周岁的本居住地区居民，不分民族、种族、性别、职业、家庭出身、宗教信仰、教育程度、财产状况、居住期限，都有选举权和被选举权；但是，依照法律被剥夺政治权利的人除外。
3. √，解析：《城市居民委员会组织法》第 12 条规定，居民委员会成员应当遵守宪法、法律、法规和国家的政策，办事公道，热心为居民服务。
4. √，解析：《城市居民委员会组织法》第 13 条规定，居民委员会根据需要设人民调解、治安保卫、公共卫生等委员会。居民委员会成员可以兼任下属的委员会的成员。居民较少的居民委员会可以不设下属的委员会，由居民委员会的成员分工负责有关工作。
5. ×，解析：《城市居民委员会组织法》第 16 条规定，居民委员会办理本居住地区公益事业所需的费用，经居民会议讨论决定，可以根据自愿原则向居民筹集，也可以向本居住地区的受益单位筹集，但是必须经受益单位同意；收支账目应当及时公布，接受居民监督。
6. √，解析：《城市居民委员会组织法》第 18 条规定，依照法律被剥夺政治权利的人编入居民小组，居民委员会应当对他们进行监督和教育。

（二）单项选择题

1. A，解析：《城市居民委员会组织法》第 8 条第 1 款规定，居民委员会主任、副主任和委员，由本居住地区全体有选举权的居民或者由每户派代表选举产生；根据居民意见，也可以由每个居民小组选举代表 2 至 3 人选举产生。居民委员会每届任期 5 年，其成员可以连选连任。
2. B，解析：《城市居民委员会组织法》第 10 条第 1 款规定，居民委员会向居民会议负责并报告工作。

3. C，解析：《城市居民委员会组织法》第 11 条第 1 款规定，居民委员会决定问题，采取少数服从多数的原则。
4. A，解析：《城市居民委员会组织法》第 14 条规定，居民委员会可以分设若干居民小组，小组长由居民小组推选。
5. A，解析：《城市居民委员会组织法》第 17 条第 2 款规定，居民委员会的办公用房，由当地人民政府统筹解决。
6. A，解析：《城市居民委员会组织法》第 10 条第 3 款规定，居民会议有权撤换和补选居民委员会成员。

（三）多项选择题

1. ABC，解析：《城市居民委员会组织法》第 7 条规定，居民委员会由主任、副主任和委员共 5 至 9 人组成。多民族居住地区，居民委员会中应当有人数较少的民族的成员。
2. AB，解析：《城市居民委员会组织法》第 20 条规定，市、市辖区的人民政府有关部门，需要居民委员会或者它的下属委员会协助进行的工作，应当经市、市辖区的人民政府或者它的派出机关同意并统一安排。市、市辖区的人民政府的有关部门，可以对居民委员会有关的下属委员会进行业务指导。
3. ABC，解析：《城市居民委员会组织法》第 10 条第 2 款规定，居民会议由居民委员会召集和主持。有 1/5 以上的 18 周岁以上的居民、1/5 以上的户或者 1/3 以上的居民小组提议，应当召集居民会议。涉及全体居民利益的重要问题，居民委员会必须提请居民会议讨论决定。
4. AC，解析：《城市居民委员会组织法》第 17 条第 1 款规定，居民委员会的工作经费和来源，居民委员会成员的生活补贴费的范围、标准和来源，由不设区的市、市辖区的人民政府或者上级人民政府规定并拨付；经居民会议同意，可以从居民委员会的经济收入中给予适当补助。

（四）填空题

1. 城市居民委员会。（《城市居民委员会组织法》第 1 条）
2. 自我管理；自我教育；自我服务；指导；支持；帮助。（《城市居民委员会组织法》第 2 条）
3. 100 户；700 户；设立；撤销；规模调整。（《城市居民委员会组织法》第 6 条）
4. 18；过半数；过半数。（《城市居民委员会组织法》第 9 条）
5. 居民委员会；宪法；法律；法规；国家的政策。（《城市居民委员会组织

法》第15条）

6. 互相帮助；互相尊重。（《城市居民委员会组织法》第5条）

（五）简答题

答：根据《城市居民委员会组织法》第3条规定，居民委员会的任务有：(1) 宣传宪法、法律、法规和国家的政策，维护居民的合法权益，教育居民履行依法应尽的义务，爱护公共财产，开展多种形式的社会主义精神文明建设活动；(2) 办理本居住地区居民的公共事务和公益事业；(3) 调解民间纠纷；(4) 协助维护社会治安；(5) 协助人民政府或者它的派出机关做好与居民利益有关的公共卫生、计划生育、优抚救济、青少年教育等项工作；(6) 向人民政府或者它的派出机关反映居民的意见、要求和提出建议。

七、物业管理条例

（一）判断题

1. 国家鼓励采用新技术、新方法，依靠科技进步提高物业管理和服务水平。（　　）
2. 业主不可以委托代理人参加业主大会会议。（　　）
3. 房屋的所有权人为业主。（　　）
4. 业主大会或者业主委员会作出的决定侵害业主合法权益的，受侵害的业主可以请求人民法院予以撤销。（　　）
5. 同一个物业管理区域内的业主，应当在物业所在地的区、县人民政府房地产行政主管部门或者街道办事处、乡镇人民政府的指导下成立业主大会，并选举产生业主委员会。但是，只有一个业主的，或者业主人数较少且经全体业主一致同意，决定不成立业主大会的，由业主共同履行业主大会、业主委员会职责。（　　）
6. 业主大会、业主委员会应当依法履行职责，可以作出与物业管理无关的决定，可以从事与物业管理无关的活动。（　　）
7. 建设单位与物业买受人签订的买卖合同应当包含前期物业服务合同约定的内容。（　　）

（二）单项选择题

1. 召开业主大会会议，应当于会议召开（　　）日以前通知全体业主。
   A. 15　　B. 30
   C. 45　　D. 10
2. （　　）以上地方人民政府房地产行政主管部门应当及时处理业主、业主委员会、物业使用人和物业服务企业在物业管理活动中的投诉。
   A. 省级　　B. 市级
   C. 县级　　D. 乡级

3. 违反《物业管理条例》的规定，住宅物业的建设单位未通过招投标的方式选聘物业服务企业或者未经批准，擅自采用协议方式选聘物业服务企业的，由县级以上地方人民政府房地产行政主管部门责令限期改正，给予警告，可以并处(　　)万元以下的罚款。

A. 10　　B. 20

C. 15　　D. 5

4. 业主委员会应当自选举产生之日起(　　)日内，向物业所在地的区、县人民政府房地产行政主管部门和街道办事处、乡镇人民政府备案。

A. 30　　B. 45

C. 15　　D. 7

（三）多项选择题

1. 一个物业管理区域成立一个业主大会。物业管理区域的划分应当考虑物业的共用设施设备、建筑物规模、社区建设等因素。具体办法由(　　)制定。

A. 省　　B. 自治区

C. 直辖市　　D. 国务院

2. 下列哪些事项由业主共同决定？(　　)

A. 制定和修改业主大会议事规则

B. 制定和修改管理规约

C. 筹集和使用专项维修资金

D. 改建、重建建筑物及其附属设施

3. (　　)的决定，对业主具有约束力。

A. 业主大会　　B. 业主委员会

C. 居委会　　D. 街道办

4. 业主委员会执行业主大会的决定事项，履行哪些职责？(　　)

A. 召集业主大会会议，报告物业管理的实施情况

B. 代表业主与业主大会选聘的物业服务企业签订物业服务合同

C. 及时了解业主、物业使用人的意见和建议，监督和协助物业服务企业履行物业服务合同

D. 监督管理规约的实施

5. 在办理物业承接验收手续时，建设单位应当向物业服务企业移交哪些资料？（　　）

A. 竣工总平面图，单体建筑、结构、设备竣工图，配套设施、地下管网工程竣工图等竣工验收资料

B. 设施设备的安装、使用和维护保养等技术资料

C. 物业质量保修文件和物业使用说明文件

D. 物业管理所必需的其他资料

（四）填空题

1. 国家提倡业主通过____、____、____的市场竞争机制选择物业服务企业。
2. ____负责全国物业管理活动的监督管理工作。县级以上地方人民政府房地产行政主管部门负责本行政区域内物业管理活动的____工作。
3. 物业管理区域内全体业主组成____。____应当代表和维护物业管理区域内全体业主在物业管理活动中的合法权益。
4. 业主大会会议可以采用____的形式，也可以采用____的形式；但是，应当有物业管理区域内专有部分占建筑物总面积过半数的业主且____的业主参加。
5. 业主大会会议分为____和____。业主大会定期会议应当按照业主大会议事规则的规定召开。经____以上的业主提议，业主委员会应当组织召开业主大会临时会议。
6. 业主大会议事规则应当就业主大会的____、____、____和____等事项作出约定。
7. 从事物业管理活动的企业应当具有____。国务院建设行政主管部门应当会同有关部门建立____和____机制，加强行业诚信管理。
8. 利用物业共用部位、共用设施设备进行经营的，应当在征得____、____、____的同意后，按照规定办理有关手续。业主所得收益应当主要用于补充专项维修资金，也可以按照业主大会的决定使用。

（五）简答题

1. 简述物业管理的内容。
2. 简述业主在物业管理活动中享有的权利。
3. 简述业主在物业管理活动中需履行的义务。

参考答案

（一）判断题

1. √，解析：《物业管理条例》第 4 条规定，国家鼓励采用新技术、新方法，依靠科技进步提高物业管理和服务水平。
2. ×，《物业管理条例》第 12 条第 2 款规定，业主可以委托代理人参加业主大会会议。
3. √，解析：《物业管理条例》第 6 条第 1 款规定，房屋的所有权人为业主。
4. √，解析：《物业管理条例》第 12 条第 5 款规定，业主大会或者业主委员会作出的决定侵害业主合法权益的，受侵害的业主可以请求人民法院予以撤销。
5. √，解析：《物业管理条例》第 10 条规定，同一个物业管理区域内的业主，应当在物业所在地的区、县人民政府房地产行政主管部门或者街道办事处、乡镇人民政府的指导下成立业主大会，并选举产生业主委员会。但是，只有一个业主的，或者业主人数较少且经全体业主一致同意，决定不成立业主大会的，由业主共同履行业主大会、业主委员会职责。
6. ×，解析：《物业管理条例》第 19 条第 1 款规定，业主大会、业主委员会应当依法履行职责，不得作出与物业管理无关的决定，不得从事与物业管理无关的活动。
7. √，解析：《物业管理条例》第 25 条规定，建设单位与物业买受人签订的买卖合同应当包含前期物业服务合同约定的内容。

（二）单项选择题

1. A，解析：《物业管理条例》第 14 条第 1 款规定，召开业主大会会议，应当于会议召开 15 日以前通知全体业主。
2. C，解析：《物业管理条例》第 48 条规定，县级以上地方人民政府房地产行政主管部门应当及时处理业主、业主委员会、物业使用人和物业服务企业在物业管理活动中的投诉。

3. A，解析：《物业管理条例》第 56 条规定，违反本条例的规定，住宅物业的建设单位未通过招投标的方式选聘物业服务企业或者未经批准，擅自采用协议方式选聘物业服务企业的，由县级以上地方人民政府房地产行政主管部门责令限期改正，给予警告，可以并处 10 万元以下的罚款。

4. A，解析：《物业管理条例》第 16 条第 1 款规定，业主委员会应当自选举产生之日起 30 日内，向物业所在地的区、县人民政府房地产行政主管部门和街道办事处、乡镇人民政府备案。

（三）多项选择题

1. ABC，解析：《物业管理条例》第 9 条规定，一个物业管理区域成立一个业主大会。物业管理区域的划分应当考虑物业的共用设施设备、建筑物规模、社区建设等因素。具体办法由省、自治区、直辖市制定。

2. ABCD，解析：《物业管理条例》第 11 条规定，下列事项由业主共同决定：（1）制定和修改业主大会议事规则；（2）制定和修改管理规约；（3）选举业主委员会或者更换业主委员会成员；（4）选聘和解聘物业服务企业；（5）筹集和使用专项维修资金；（6）改建、重建建筑物及其附属设施；（7）有关共有和共同管理权利的其他重大事项。

3. AB，解析：《物业管理条例》第 12 条第 4 款规定，业主大会或者业主委员会的决定，对业主具有约束力。

4. ABCD，解析：《物业管理条例》第 15 条规定，业主委员会执行业主大会的决定事项，履行下列职责：（1）召集业主大会会议，报告物业管理的实施情况；（2）代表业主与业主大会选聘的物业服务企业签订物业服务合同；（3）及时了解业主、物业使用人的意见和建议，监督和协助物业服务企业履行物业服务合同；（4）监督管理规约的实施；（5）业主大会赋予的其他职责。

5. ABCD，解析：《物业管理条例》第 29 条第 1 款规定，在办理物业承接验收手续时，建设单位应当向物业服务企业移交下列资料：（1）竣工总平面图，单体建筑、结构、设备竣工图，配套设施、地下管网工程竣工图等竣工验收资料；（2）设施设备的安装、使用和维护保养等技术资料；（3）物业质量保修文件和物业使用说明文件；（4）物业管理所必需的其他资料。

（四）填空题

1. 公开；公平；公正。（《物业管理条例》第 3 条）

2. 国务院建设行政主管部门；监督管理。（《物业管理条例》第 5 条）

3. 业主大会；业主大会。（《物业管理条例》第 8 条）
4. 集体讨论；书面征求意见；占总人数过半数。（《物业管理条例》第 12 条第 1 款）
5. 定期会议；临时会议；20% 。（《物业管理条例》第 13 条）
6. 议事方式；表决程序；业主委员会的组成；成员任期。（《物业管理条例》第 18 条）
7. 独立的法人资格；守信联合激励；失信联合惩戒。（《物业管理条例》第 32 条）
8. 相关业主；业主大会；物业服务企业。（《物业管理条例》第 54 条）

（五）简答题

1. 答：根据《物业管理条例》第 2 条规定，物业管理，是指业主通过选聘物业服务企业，由业主和物业服务企业按照物业服务合同约定，对房屋及配套的设施设备和相关场地进行维修、养护、管理，维护物业管理区域内的环境卫生和相关秩序的活动。
2. 答：根据《物业管理条例》第 6 条规定，业主在物业管理活动中，享有下列权利：（1）按照物业服务合同的约定，接受物业服务企业提供的服务；（2）提议召开业主大会会议，并就物业管理的有关事项提出建议；（3）提出制定和修改管理规约、业主大会议事规则的建议；（4）参加业主大会会议，行使投票权；（5）选举业主委员会成员，并享有被选举权；（6）监督业主委员会的工作；（7）监督物业服务企业履行物业服务合同；（8）对物业共用部位、共用设施设备和相关场地使用情况享有知情权和监督权；（9）监督物业共用部位、共用设施设备专项维修资金的管理和使用；（10）法律、法规规定的其他权利。
3. 答：根据《物业管理条例》第 7 条规定，业主在物业管理活动中，履行下列义务：（1）遵守管理规约、业主大会议事规则；（2）遵守物业管理区域内物业共用部位和共用设施设备的使用、公共秩序和环境卫生的维护等方面的规章制度；（3）执行业主大会的决定和业主大会授权业主委员会作出的决定；（4）按照国家有关规定交纳专项维修资金；（5）按时交纳物业服务费用；（6）法律、法规规定的其他义务。

八、城市生活无着的流浪乞讨人员救助管理办法

（一）判断题

1. 县级以上人民政府民政部门负责流浪乞讨人员的救助工作，并对救助站进行指导、监督。（　　）
2. 救助站对属于救助对象的求助人员，应当及时提供救助，不得拒绝；对不属于救助对象的求助人员，不予救助。（　　）
3. 救助站应当保障受助人员在站内的人身安全和随身携带物品的安全，维护站内秩序。（　　）
4. 县级以上城市人民政府应当采取积极措施及时救助流浪乞讨人员，并应当将救助工作所需经费列入财政预算，予以保障。国家鼓励、支持社会组织和个人救助流浪乞讨人员。（　　）
5. 救助站可以向受助人员、其亲属或者所在单位收取适当费用，也可以适当组织受助人员从事生产劳动。（　　）
6. 受助人员应当遵守法律法规。受助人员违反法律法规的，应当依法处理。受助人员应当遵守救助站的各项规章制度。（　　）

（二）单项选择题

1. 救助站不履行救助职责的，求助人员可以向当地（　　）举报；（　　）经查证属实的，应当责令救助站及时提供救助，并对直接责任人员依法给予纪律处分。

   A. 民政部门；民政部门　　B. 民政部门；纪检部门

   C. 人民法院；人民法院　　D. 民政部门；人民法院

2. 为了对在城市（　　）的（　　）实行救助，保障其基本生活权益，完善社会救助制度，制定本办法。

   A. 生活无着；流浪人员　　B. 生活无着；乞讨人员

   C. 生活无着；流浪、乞讨人员　　D. 生活无望；公民

（三）多项选择题

1. 救助站应当根据受助人员的需要提供下列哪些救助？（　　）
   A. 提供符合食品卫生要求的食物
   B. 提供符合基本条件的住处
   C. 对在站内突发急病的，及时送医院救治
   D. 帮助与其亲属或者所在单位联系
2. 关于城市生活无着的流浪乞讨人员，下列哪些说法是正确的？（　　）
   A. 救助站对受助的残疾人、未成年人、老年人应当给予照顾
   B. 对查明住址的，及时通知其亲属或者所在单位领回
   C. 对无家可归的，由其户籍所在地人民政府妥善安置
   D. 对无家可归的，组织其在救助站进行生产劳动

（四）填空题

1. ____以上城市人民政府应当根据需要设立流浪乞讨人员救助站。救助站对流浪乞讨人员的救助是一项____社会救助措施。
2. 国家____、____社会组织和个人救助流浪乞讨人员。
3. 救助站应当保障受助人员在站内的____和____，维护站内秩序。
4. 受助人员住所地的____应当采取措施，帮助受助人员解决生产、生活困难，____遗弃残疾人、未成年人、老年人的近亲属或者其他监护人履行抚养、赡养义务。
5. 公安机关和其他有关行政机关的工作人员在执行职务时发现流浪乞讨人员的，应当告知其向____求助；对其中的残疾人、未成年人、老年人和行动不便的其他人员，还应当____、____到救助站。

（五）简答题

简述县级以上人民政府民政部门加强对救助站工作人员的教育、培训和监督的方式。

参考答案

（一）判断题

1. √，解析：《城市生活无着的流浪乞讨人员救助管理办法》第 4 条第 1 款规定，县级以上人民政府民政部门负责流浪乞讨人员的救助工作，并对救助站进行指导、监督。
2. ×，解析：《城市生活无着的流浪乞讨人员救助管理办法》第 6 条第 2 款规定，救助站对属于救助对象的求助人员，应当及时提供救助，不得拒绝；对不属于救助对象的求助人员，应当说明不予救助的理由。
3. √，解析：《城市生活无着的流浪乞讨人员救助管理办法》第 9 条规定，救助站应当保障受助人员在站内的人身安全和随身携带物品的安全，维护站内秩序。
4. √，解析：《城市生活无着的流浪乞讨人员救助管理办法》第 3 条规定，县级以上城市人民政府应当采取积极措施及时救助流浪乞讨人员，并应当将救助工作所需经费列入财政预算，予以保障。国家鼓励、支持社会组织和个人救助流浪乞讨人员。
5. ×，解析：《城市生活无着的流浪乞讨人员救助管理办法》第 10 条规定，救助站不得向受助人员、其亲属或者所在单位收取费用，不得以任何借口组织受助人员从事生产劳动。
6. √，解析：《城市生活无着的流浪乞讨人员救助管理办法》第 16 条规定，受助人员应当遵守法律法规。受助人员违反法律法规的，应当依法处理。受助人员应当遵守救助站的各项规章制度。

（二）单项选择题

1. A，解析：《城市生活无着的流浪乞讨人员救助管理办法》第 15 条规定，救助站不履行救助职责的，求助人员可以向当地民政部门举报；民政部门经查证属实的，应当责令救助站及时提供救助，并对直接责任人员依法给予纪律处分。
2. C，解析：《城市生活无着的流浪乞讨人员救助管理办法》第 1 条规定，为了对在城市生活无着的流浪、乞讨人员实行救助，保障其基本生活权益，完善社会救助制度，制定本办法。

（三）多项选择题

1. ABCD，解析：《城市生活无着的流浪乞讨人员救助管理办法》第 7 条规定，救助站应当根据受助人员的需要提供下列救助：（1）提供符合食品卫生要求的食物；（2）提供符合基本条件的住处；（3）对在站内突发急病的，及时送医院救治；（4）帮助与其亲属或者所在单位联系；（5）对没有交通费返回其住所地或者所在单位的，提供乘车凭证。

2. ABC，解析：《城市生活无着的流浪乞讨人员救助管理办法》第 11 条规定，救助站应当劝导受助人员返回其住所地或者所在单位，不得限制受助人员离开救助站。救助站对受助的残疾人、未成年人、老年人应当给予照顾；对查明住址的，及时通知其亲属或者所在单位领回；对无家可归的，由其户籍所在地人民政府妥善安置。

（四）填空题

1. 县级；临时性。（《城市生活无着的流浪乞讨人员救助管理办法》第 2 条）
2. 鼓励；支持。（《城市生活无着的流浪乞讨人员救助管理办法》第 3 条第 2 款）
3. 人身安全；随身携带物品的安全。（《城市生活无着的流浪乞讨人员救助管理办法》第 9 条）
4. 县级人民政府；教育。（《城市生活无着的流浪乞讨人员救助管理办法》第 12 条）
5. 救助站；引导；护送。（《城市生活无着的流浪乞讨人员救助管理办法》第 5 条）

（五）简答题

答：根据《城市生活无着的流浪乞讨人员救助管理办法》第 14 条规定，县级以上人民政府民政部门应当加强对救助站工作人员的教育、培训和监督。救助站工作人员应当自觉遵守国家的法律法规、政策和有关规章制度，不准拘禁或者变相拘禁受助人员；不准打骂、体罚、虐待受助人员或者唆使他人打骂、体罚、虐待受助人员；不准敲诈、勒索、侵吞受助人员的财物；不准克扣受助人员的生活供应品；不准扣压受助人员的证件、申诉控告材料；不准任用受助人员担任管理工作；不准使用受助人员为工作人员干私活；不准调戏妇女。违反前款规定，构成犯罪的，依法追究刑事责任；尚不构成犯罪的，依法给予纪律处分。

九、社会救助暂行办法

（一）判断题

1. 县级以上人民政府应当按照国家统一规划建立社会救助管理信息系统，实现社会救助信息互联互通、资源共享。（　　）
2. 最低生活保障家庭收入状况、财产状况的认定办法，由省、自治区、直辖市或者设区的市级人民政府按照国家有关规定制定。（　　）
3. 乡镇人民政府、街道办事处应当及时了解掌握居民的生活情况，发现符合特困供养条件的人员，应当主动为其依法办理供养。（　　）
4. 特困供养人员只能在当地的供养服务机构集中供养，不可以在家分散供养。特困供养人员不能选择供养形式。（　　）
5. 疾病应急救助制度应当与其他医疗保障制度相衔接。（　　）

（二）单项选择题

1. 对批准获得最低生活保障的家庭，县级人民政府民政部门按照共同生活的家庭成员人均收入低于当地最低生活保障标准的差额，按（　　）发给最低生活保障金。

A. 月　　B. 季度

C. 年　　D. 日

2. 国家对无劳动能力、无生活来源且无法定赡养、抚养、扶养义务人，或者其法定赡养、抚养、扶养义务人无赡养、抚养、扶养能力的老年人、残疾人以及未满（　　）周岁的未成年人，给予特困人员供养。

A. 16　　B. 18

C. 14　　D. 10

3. 特困供养人员不再符合供养条件的，村民委员会、居民委员会或者供养服务机构应当告知乡镇人民政府、街道办事处，由乡镇人民政府、街道办事处（　　）并报县级人民政府民政部门（　　）后，终止供养并予以公示。

A. 审核；核准　　B. 核准；审核
C. 登记；审核　　D. 登记；核准

4. 国家建立健全自然灾害救助制度，对基本生活受到自然灾害严重影响的人员，提供生活救助。自然灾害救助实行(　　)，分级负责。
A. 属地管理　　B. 属人管理
C. 统一管理　　D. 区分管理

5. 申请医疗救助的，应当向乡镇人民政府、街道办事处(　　)，经审核、公示后，由县级人民政府医疗保障部门(　　)。最低生活保障家庭成员和特困供养人员的医疗救助，由县级人民政府医疗保障部门(　　)。
A. 提出；审批；直接办理　　B. 报告；审批；直接办理
C. 审批；提出；办理　　D. 办理；提出；审批

(三) 多项选择题

1. 社会救助制度坚持托底线、救急难、可持续，与其他社会保障制度相衔接，社会救助水平与经济社会发展水平相适应。社会救助工作应当遵循(　　)的原则。
A. 公开　　B. 公平
C. 公正　　D. 及时

2. 社会救助管理部门包括：(　　)
A. 国务院民政、应急管理、卫生健康、教育、住房城乡建设、人力资源社会保障、医疗保障等部门
B. 县级以上地方人民政府民政、应急管理、卫生健康、教育、住房城乡建设、人力资源社会保障、医疗保障等部门
C. 军队后勤部门
D. 孤儿院

3. 特困人员供养的内容包括：(　　)
A. 提供基本生活条件
B. 对生活不能自理的给予照料
C. 提供疾病治疗
D. 办理丧葬事宜

4. 下列哪些人员可以申请相关医疗救助？（　　）
   A. 最低生活保障家庭成员
   B. 特困供养人员
   C. 县级以上人民政府规定的其他特殊困难人员
   D. 乡级以上人民政府规定的其他特殊困难人员
5. 违反《社会救助暂行办法》规定，由上级行政机关或者监察机关责令改正，对直接负责的主管人员和其他直接责任人员依法给予处分的情形有：（　　）
   A. 对符合申请条件的救助申请不予受理
   B. 对符合救助条件的救助申请不予批准
   C. 对不符合救助条件的救助申请予以批准
   D. 泄露在工作中知悉的公民个人信息，造成后果

（四）填空题

1. ____、____负责有关社会救助的申请受理、调查审核，具体工作由社会救助经办机构或者经办人员承担。村民委员会、居民委员会____做好有关社会救助工作。
2. 社会救助资金实行____，____，____，任何单位或者个人不得挤占挪用。社会救助资金的支付，按照财政国库管理的有关规定执行。
3. 申请特困人员供养，由本人向户籍所在地的乡镇人民政府、街道办事处提出书面申请；本人申请有困难的，可以委托____、____代为提出申请。
4. ____人民政府和自然灾害多发、易发地区的____人民政府应当根据自然灾害特点、居民人口数量和分布等情况，设立自然灾害救助物资储备库，保障自然灾害发生后救助物资的紧急供应。

（五）简答题

1. 简述申请最低生活保障的程序。
2. 简述医疗救助的方式。
3. 简述《社会救助暂行办法》中关于住房救助的相关规定。

参考答案

（一）判断题

1. √，解析：《社会救助暂行办法》第 6 条规定，县级以上人民政府应当按照国家统一规划建立社会救助管理信息系统，实现社会救助信息互联互通、资源共享。
2. √，解析：《社会救助暂行办法》第 10 条第 2 款规定，最低生活保障家庭收入状况、财产状况的认定办法，由省、自治区、直辖市或者设区的市级人民政府按照国家有关规定制定。
3. √，解析：《社会救助暂行办法》第 17 条规定，乡镇人民政府、街道办事处应当及时了解掌握居民的生活情况，发现符合特困供养条件的人员，应当主动为其依法办理供养。
4. ×，解析：《社会救助暂行办法》第 19 条规定，特困供养人员可以在当地的供养服务机构集中供养，也可以在家分散供养。特困供养人员可以自行选择供养形式。
5. √，解析：《社会救助暂行办法》第 32 条第 2 款规定，疾病应急救助制度应当与其他医疗保障制度相衔接。

（二）单项选择题

1. A，解析：《社会救助暂行办法》第 12 条第 1 款规定，对批准获得最低生活保障的家庭，县级人民政府民政部门按照共同生活的家庭成员人均收入低于当地最低生活保障标准的差额，按月发给最低生活保障金。
2. A，解析：《社会救助暂行办法》第 14 条规定，国家对无劳动能力、无生活来源且无法定赡养、抚养、扶养义务人，或者其法定赡养、抚养、扶养义务人无赡养、抚养、扶养能力的老年人、残疾人以及未满 16 周岁的未成年人，给予特困人员供养。
3. A，解析：《社会救助暂行办法》第 18 条规定，特困供养人员不再符合供养条件的，村民委员会、居民委员会或者供养服务机构应当告知乡镇人民政府、街道办事处，由乡镇人民政府、街道办事处审核并报县级人民政府民政部门核准后，终止供养并予以公示。
4. A，解析：《社会救助暂行办法》第 20 条规定，国家建立健全自然灾害救助制度，对基本生活受到自然灾害严重影响的人员，提供生活救助。自然灾害救助实行属地管理，分级负责。

5. A，解析：《社会救助暂行办法》第 30 条规定，申请医疗救助的，应当向乡镇人民政府、街道办事处提出，经审核、公示后，由县级人民政府医疗保障部门审批。最低生活保障家庭成员和特困供养人员的医疗救助，由县级人民政府医疗保障部门直接办理。

（三）多项选择题

1. ABCD，解析：《社会救助暂行办法》第 2 条规定，社会救助制度坚持托底线、救急难、可持续，与其他社会保障制度相衔接，社会救助水平与经济社会发展水平相适应。社会救助工作应当遵循公开、公平、公正、及时的原则。
2. AB，解析：《社会救助暂行办法》第 3 条规定，国务院民政部门统筹全国社会救助体系建设。国务院民政、应急管理、卫生健康、教育、住房城乡建设、人力资源社会保障、医疗保障等部门，按照各自职责负责相应的社会救助管理工作。县级以上地方人民政府民政、应急管理、卫生健康、教育、住房城乡建设、人力资源社会保障、医疗保障等部门，按照各自职责负责本行政区域内相应的社会救助管理工作。前两款所列行政部门统称社会救助管理部门。
3. ABCD，解析：《社会救助暂行办法》第 15 条第 1 款规定，特困人员供养的内容包括：（1）提供基本生活条件；（2）对生活不能自理的给予照料；（3）提供疾病治疗；（4）办理丧葬事宜。
4. ABC，解析：《社会救助暂行办法》第 28 条规定，下列人员可以申请相关医疗救助：（1）最低生活保障家庭成员；（2）特困供养人员；（3）县级以上人民政府规定的其他特殊困难人员。
5. ABCD，解析：《社会救助暂行办法》第 66 条规定，违反本办法规定，有下列情形之一的，由上级行政机关或者监察机关责令改正；对直接负责的主管人员和其他直接责任人员依法给予处分：（1）对符合申请条件的救助申请不予受理的；（2）对符合救助条件的救助申请不予批准的；（3）对不符合救助条件的救助申请予以批准的；（4）泄露在工作中知悉的公民个人信息，造成后果的；（5）丢失、篡改接受社会救助款物、服务记录等数据的；（6）不按照规定发放社会救助资金、物资或者提供相关服务的；（7）在履行社会救助职责过程中有其他滥用职权、玩忽职守、徇私舞弊行为的。

（四）填空题

1. 乡镇人民政府；街道办事处；协助。（《社会救助暂行办法》第 4 条）

2. 专项管理；分账核算；专款专用。(《社会救助暂行办法》第5条第2款)
3. 村民委员会；居民委员会。(《社会救助暂行办法》第16条第1款)
4. 设区的市级以上；县级。(《社会救助暂行办法》第21条)

（五）简答题

1. 答：根据《社会救助暂行办法》第11条规定，申请最低生活保障，按照下列程序办理：（1）由共同生活的家庭成员向户籍所在地的乡镇人民政府、街道办事处提出书面申请；家庭成员申请有困难的，可以委托村民委员会、居民委员会代为提出申请。（2）乡镇人民政府、街道办事处应当通过入户调查、邻里访问、信函索证、群众评议、信息核查等方式，对申请人的家庭收入状况、财产状况进行调查核实，提出初审意见，在申请人所在村、社区公示后报县级人民政府民政部门审批。（3）县级人民政府民政部门经审查，对符合条件的申请予以批准，并在申请人所在村、社区公布；对不符合条件的申请不予批准，并书面向申请人说明理由。
2. 答：根据《社会救助暂行办法》第29条规定，医疗救助采取下列方式：（1）对救助对象参加城镇居民基本医疗保险或者新型农村合作医疗的个人缴费部分，给予补贴；（2）对救助对象经基本医疗保险、大病保险和其他补充医疗保险支付后，个人及其家庭难以承担的符合规定的基本医疗自负费用，给予补助。医疗救助标准，由县级以上人民政府按照经济社会发展水平和医疗救助资金情况确定、公布。
3. 答：根据《社会救助暂行办法》第37条规定，国家对符合规定标准的住房困难的最低生活保障家庭、分散供养的特困人员，给予住房救助。第38条规定，住房救助通过配租公共租赁住房、发放住房租赁补贴、农村危房改造等方式实施。第39条规定，住房困难标准和救助标准，由县级以上地方人民政府根据本行政区域经济社会发展水平、住房价格水平等因素确定、公布。第40条规定，城镇家庭申请住房救助的，应当经由乡镇人民政府、街道办事处或者直接向县级人民政府住房保障部门提出，经县级人民政府民政部门审核家庭收入、财产状况和县级人民政府住房保障部门审核家庭住房状况并公示后，对符合申请条件的申请人，由县级人民政府住房保障部门优先给予保障。农村家庭申请住房救助的，按照县级以上人民政府有关规定执行。第41条规定，各级人民政府按照国家规定通过财政投入、用地供应等措施为实施住房救助提供保障。

十、基本医疗卫生与健康促进法

（一）判断题

1. 国家实行预防接种制度，加强免疫规划工作。居民有依法接种免疫规划疫苗的权利和义务。政府向居民免费提供免疫规划疫苗。（　　）
2. 国家推进基层医疗卫生机构实行家庭医生签约服务，建立家庭医生服务团队，与居民签订协议，根据居民健康状况和医疗需求提供基本医疗卫生服务。（　　）
3. 国家建立健全由基层医疗卫生机构、医院、专业公共卫生机构等组成的城乡全覆盖、功能互补、连续协同的医疗卫生服务体系。（　　）
4. 医疗卫生机构执业场所是提供医疗卫生服务的公共场所，任何组织或者个人不得扰乱其秩序。（　　）
5. 国家建立中央医药储备，用于保障重大灾情、疫情及其他突发事件等应急需要。（　　）

（二）单项选择题

1. （　　）以上地方人民政府卫生健康主管部门负责统筹协调本行政区域医疗卫生与健康促进工作。县级以上地方人民政府其他有关部门在各自职责范围内负责有关的医疗卫生与健康促进工作。

A. 县级　　B. 乡级
C. 市级　　D. 省级

2. 县级以上人民政府及其有关部门应当采取措施，推进（　　）在医疗卫生领域和医学教育中的应用，支持探索发展医疗卫生服务新模式、新业态。

A. 信息技术　　B. 计算机
C. 高科技　　D. 互联网

3. 执业医师晋升为副高级技术职称的，应当有累计（　　）以上在县级以下或者对口支援的医疗卫生机构提供医疗卫生服务的经历。

A. 半年　　B. 1 年
C. 3 年　　D. 2 年

（三）多项选择题

1. 国家加大对医疗卫生与健康事业的财政投入，通过增加转移支付等方式重点扶持(　　)发展医疗卫生与健康事业。
   A. 革命老区　　B. 民族地区
   C. 边疆地区　　D. 经济欠发达地区
2. 社会力量可以选择设立(　　)医疗卫生机构。
   A. 非营利性　　B. 营利性
   C. 大型　　D. 中型
3. 国家建立(　　)的现代医院管理制度。
   A. 权责清晰　　B. 管理科学
   C. 治理完善　　D. 运行高效、监督有力
4. 医疗卫生人员应当弘扬(　　)的崇高职业精神，遵守行业规范，恪守医德，努力提高专业水平和服务质量。
   A. 敬佑生命　　B. 救死扶伤
   C. 甘于奉献　　D. 大爱无疆
5. 国家完善药品供应保障制度，建立工作协调机制，保障药品的(　　)。
   A. 安全　　B. 有效
   C. 可及　　D. 充足

（四）填空题

1. 医疗卫生与健康事业应当坚持____，____。医疗卫生事业应当坚持____原则。
2. 国家实施____战略，普及健康生活，优化健康服务，完善健康保障，建设健康环境，发展健康产业，提升公民全生命周期健康水平。
3. 国家合理规划和配置医疗卫生资源，以____为重点，采取多种措施优先支持____以下医疗卫生机构发展，提高其医疗卫生服务能力。
4. 国家建立传染病防控制度，制定传染病防治规划并组织实施，加强传染

病监测预警，坚持____、____，联防联控、群防群控、源头防控、____，阻断传播途径，保护易感人群，降低传染病的危害。

5. 国家建立健全院前急救体系，为急危重症患者提供____、____、____的急救服务。

6. 政府举办的医疗卫生机构应当坚持____，所有收支均纳入预算管理，按照医疗卫生服务体系规划合理设置并控制规模。国家鼓励政府举办的医疗卫生机构与社会力量合作举办____医疗卫生机构。政府举办的医疗卫生机构不得与其他组织投资设立非独立法人资格的医疗卫生机构，不得与社会资本合作举办____医疗卫生机构。

（五）简答题

简述基本医疗卫生服务。

参考答案

（一）判断题

1. √，解析：《基本医疗卫生与健康促进法》第21条规定，国家实行预防接种制度，加强免疫规划工作。居民有依法接种免疫规划疫苗的权利和义务。政府向居民免费提供免疫规划疫苗。

2. √，解析：《基本医疗卫生与健康促进法》第31条规定，国家推进基层医疗卫生机构实行家庭医生签约服务，建立家庭医生服务团队，与居民签订协议，根据居民健康状况和医疗需求提供基本医疗卫生服务。

3. √，解析：《基本医疗卫生与健康促进法》第34条第1款规定，国家建立健全由基层医疗卫生机构、医院、专业公共卫生机构等组成的城乡全覆盖、功能互补、连续协同的医疗卫生服务体系。

4. √，解析：《基本医疗卫生与健康促进法》第46条规定，医疗卫生机构执业场所是提供医疗卫生服务的公共场所，任何组织或者个人不得扰乱其秩序。

5. ×，解析：《基本医疗卫生与健康促进法》第63条规定，国家建立中央与地方两级医药储备，用于保障重大灾情、疫情及其他突发事件等应急需要。

（二）单项选择题

1. A，解析：《基本医疗卫生与健康促进法》第7条第3款规定，县级以上地方人民政府卫生健康主管部门负责统筹协调本行政区域医疗卫生与健康促进工作。县级以上地方人民政府其他有关部门在各自职责范围内负责有关的医疗卫生与健康促进工作。

2. A，解析：《基本医疗卫生与健康促进法》第 49 条第 2 款规定，县级以上人民政府及其有关部门应当采取措施，推进信息技术在医疗卫生领域和医学教育中的应用，支持探索发展医疗卫生服务新模式、新业态。
3. B，解析：《基本医疗卫生与健康促进法》第 56 条第 3 款规定，执业医师晋升为副高级技术职称的，应当有累计 1 年以上在县级以下或者对口支援的医疗卫生机构提供医疗卫生服务的经历。

（三）多项选择题

1. ABCD，解析：《基本医疗卫生与健康促进法》第 11 条规定，国家加大对医疗卫生与健康事业的财政投入，通过增加转移支付等方式重点扶持革命老区、民族地区、边疆地区和经济欠发达地区发展医疗卫生与健康事业。
2. AB，解析：《基本医疗卫生与健康促进法》第 41 条第 3 款规定，社会力量可以选择设立非营利性或者营利性医疗卫生机构。
3. ABCD，解析：《基本医疗卫生与健康促进法》第 45 条第 1 款规定，国家建立权责清晰、管理科学、治理完善、运行高效、监督有力的现代医院管理制度。
4. ABCD，解析：《基本医疗卫生与健康促进法》第 51 条第 1 款规定，医疗卫生人员应当弘扬敬佑生命、救死扶伤、甘于奉献、大爱无疆的崇高职业精神，遵守行业规范，恪守医德，努力提高专业水平和服务质量。
5. ABC，解析：《基本医疗卫生与健康促进法》第 58 条规定，国家完善药品供应保障制度，建立工作协调机制，保障药品的安全、有效、可及。

（四）填空题

1. 以人民为中心；为人民健康服务；公益性。（《基本医疗卫生与健康促进法》第 3 条）
2. 健康中国。（《基本医疗卫生与健康促进法》第 4 条第 2 款）
3. 基层；县级。（《基本医疗卫生与健康促进法》第 10 条）
4. 预防为主；防治结合；综合治理。（《基本医疗卫生与健康促进法》第 20 条第 1 款）
5. 及时；规范；有效。（《基本医疗卫生与健康促进法》第 27 条第 1 款）
6. 公益性质；非营利性；营利性。（《基本医疗卫生与健康促进法》第 40 条）

（五）简答题

答：根据《基本医疗卫生与健康促进法》第 15 条规定，基本医疗卫生服务，是指维护人体健康所必需、与经济社会发展水平相适应、公民可公平获得的，采用适宜药物、适宜技术、适宜设备提供的疾病预防、诊断、治疗、护理和康复等服务。基本医疗卫生服务包括基本公共卫生服务和基本医疗服务。基本公共卫生服务由国家免费提供。

十一、精神卫生法

（一）判断题

1. 精神卫生工作实行预防为主的方针，坚持预防、治疗和康复相结合的原则。(　　)
2. 精神卫生工作实行政府组织领导、部门各负其责、家庭和单位尽力尽责、全社会共同参与的综合管理机制。(　　)
3. 村民委员会、居民委员会依照《精神卫生法》的规定开展精神卫生工作，并对所在地人民政府开展的精神卫生工作予以协助。(　　)
4. 村民委员会、居民委员会应当协助所在地人民政府及其有关部门开展社区心理健康指导、精神卫生知识宣传教育活动，创建有益于居民身心健康的社区环境。(　　)
5. 可以违背本人意志进行确定其是否患有精神障碍的医学检查。(　　)
6. 居民委员会应当为生活困难的精神障碍患者家庭提供帮助，并向所在地街道办事处以及县级人民政府有关部门反映患者及其家庭的情况和要求，帮助其解决实际困难，为患者融入社会创造条件。(　　)

（二）单项选择题

1. 精神障碍患者的(　　)应当履行监护职责，维护精神障碍患者的合法权益。

   A. 监护人　　B. 父母

   C. 兄弟姐妹　　D. 子女

2. 关于心理咨询人员，下列说法错误的是：(　　)

   A. 心理咨询人员应当提高业务素质，遵守执业规范

   B. 心理咨询人员应当尊重接受咨询人员的隐私，并为其保守秘密

   C. 心理咨询人员可以从事心理治疗

   D. 心理咨询人员不得从事精神障碍的诊断、治疗

3. 关于精神障碍的诊断和治疗，下列说法错误的是：(　　)

A. 精神障碍的诊断应当由精神科执业医师作出

B. 精神障碍的住院治疗实行强制原则

C. 精神障碍的诊断应当以精神健康状况为依据

D. 精神障碍的住院治疗实行自愿原则

4. 医疗机构对于精神障碍患者的病历资料的保存期限不得少于(　　)年。

A. 35　　　　B. 30

C. 20　　　　D. 10

(三) 多项选择题

1. 有关单位和个人应当对精神障碍患者的(　　)以及其他可能推断出其身份的信息予以保密；但是，依法履行职责需要公开的除外。

A. 姓名、肖像　　　　B. 工作单位

C. 住址　　　　D. 病历资料

2. 关于精神障碍患者，下列说法正确的有：(　　)

A. 精神障碍患者的教育、劳动的合法权益受法律保护

B. 精神障碍患者的医疗以及从国家和社会获得物质帮助的合法权益受法律保护

C. 全社会应当尊重、理解、关爱精神障碍患者

D. 新闻报道和文学艺术作品等不得含有歧视、侮辱精神障碍患者的内容

3. 对严重精神障碍患者实施住院治疗的情形有：(　　)

A. 已经发生伤害自身的行为

B. 有伤害自身的危险

C. 已经发生危害他人安全的行为

D. 有危害他人安全的危险

4. 关于精神障碍患者的住院治疗，下列说法正确的有：(　　)

A. 精神障碍患者对住院治疗的诊断结论不能提出异议

B. 精神障碍患者有伤害自身的危险的，经监护人同意，医疗机构应当对患者实施住院治疗

C. 精神障碍患者有伤害自身的危险，但监护人不同意的，医疗机构不得

对患者实施住院治疗

D. 精神障碍患者发生危害他人安全行为，监护人对需要住院治疗的诊断结论有异议，不同意对患者实施住院治疗的，可以要求再次诊断和鉴定

（四）填空题

1. 精神障碍患者的____、____和____不受侵犯。
2. 任何组织或者个人不得____、____、____精神障碍患者，不得非法限制精神障碍患者的____。
3. 鉴定人本人或者其近亲属与鉴定事项有利害关系，可能影响其____、____、____进行鉴定的，应当____。
4. 对精神障碍患者使用药物，应当以____和____为目的，使用____、____的药物，不得为诊断或者治疗以外的目的使用药物。
5. ____应当为需要康复的精神障碍患者提供场所和条件，对患者进行____和____等方面的康复训练。

（五）简答题

1. 简述开展精神障碍诊断、治疗活动应具备的条件。
2. 简述给精神障碍患者或者其他公民造成人身、财产或者其他损害，需要承担赔偿责任的情形。

参考答案

（一）判断题

1. √，解析：《精神卫生法》第 3 条规定，精神卫生工作实行预防为主的方针，坚持预防、治疗和康复相结合的原则。
2. √，解析：《精神卫生法》第 6 条规定，精神卫生工作实行政府组织领导、部门各负其责、家庭和单位尽力尽责、全社会共同参与的综合管理机制。
3. √，解析：《精神卫生法》第 10 条第 2 款规定，村民委员会、居民委员会依照本法的规定开展精神卫生工作，并对所在地人民政府开展的精神卫生工作予以协助。

4. √，解析：《精神卫生法》第 20 条第 1 款规定，村民委员会、居民委员会应当协助所在地人民政府及其有关部门开展社区心理健康指导、精神卫生知识宣传教育活动，创建有益于居民身心健康的社区环境。
5. ×，解析：《精神卫生法》第 27 条第 2 款规定，除法律另有规定外，不得违背本人意志进行确定其是否患有精神障碍的医学检查。
6. √，解析：《精神卫生法》第 56 条规定，村民委员会、居民委员会应当为生活困难的精神障碍患者家庭提供帮助，并向所在地乡镇人民政府或者街道办事处以及县级人民政府有关部门反映患者及其家庭的情况和要求，帮助其解决实际困难，为患者融入社会创造条件。

（二）单项选择题

1. A，解析：《精神卫生法》第 9 条第 1 款规定，精神障碍患者的监护人应当履行监护职责，维护精神障碍患者的合法权益。
2. C，解析：《精神卫生法》第 23 条规定，心理咨询人员应当提高业务素质，遵守执业规范，为社会公众提供专业化的心理咨询服务。心理咨询人员不得从事心理治疗或者精神障碍的诊断、治疗。心理咨询人员发现接受咨询的人员可能患有精神障碍的，应当建议其到符合本法规定的医疗机构就诊。心理咨询人员应当尊重接受咨询人员的隐私，并为其保守秘密。
3. B，解析：《精神卫生法》第 27 条第 1 款规定，精神障碍的诊断应当以精神健康状况为依据。第 29 条第 1 款规定，精神障碍的诊断应当由精神科执业医师作出。第 30 条第 1 款规定，精神障碍的住院治疗实行自愿原则。
4. B，解析：《精神卫生法》第 47 条规定，医疗机构及其医务人员应当在病历资料中如实记录精神障碍患者的病情、治疗措施、用药情况、实施约束、隔离措施等内容，并如实告知患者或者其监护人。患者及其监护人可以查阅、复制病历资料；但是，患者查阅、复制病历资料可能对其治疗产生不利影响的除外。病历资料保存期限不得少于 30 年。

（三）多项选择题

1. ABCD，解析：《精神卫生法》第 4 条第 3 款规定，有关单位和个人应当对精神障碍患者的姓名、肖像、住址、工作单位、病历资料以及其他可能推断出其身份的信息予以保密；但是，依法履行职责需要公开的除外。
2. ABCD，解析：《精神卫生法》第 4 条第 2 款规定，精神障碍患者的教育、劳动、医疗以及从国家和社会获得物质帮助等方面的合法权益受法律保护。第 5 条第 1 款规定，全社会应当尊重、理解、关爱精神障碍患者。第 5 条第 3

款规定，新闻报道和文学艺术作品等不得含有歧视、侮辱精神障碍患者的内容。

3. ABCD，解析：《精神卫生法》第 30 条第 2 款规定，诊断结论、病情评估表明，就诊者为严重精神障碍患者并有下列情形之一的，应当对其实施住院治疗：（1）已经发生伤害自身的行为，或者有伤害自身的危险的；（2）已经发生危害他人安全的行为，或者有危害他人安全的危险的。

4. BCD，解析：《精神卫生法》第 31 条规定，精神障碍患者有本法第 30 条第 2 款第 1 项情形的，经其监护人同意，医疗机构应当对患者实施住院治疗；监护人不同意的，医疗机构不得对患者实施住院治疗。监护人应当对在家居住的患者做好看护管理。第 32 条第 1 款规定，精神障碍患者有本法第 30 条第 2 款第 2 项情形，患者或者其监护人对需要住院治疗的诊断结论有异议，不同意对患者实施住院治疗的，可以要求再次诊断和鉴定。

（四）填空题

1. 人格尊严；人身；财产安全。（《精神卫生法》第 4 条第 1 款）
2. 歧视；侮辱；虐待；人身自由。（《精神卫生法》第 5 条第 2 款）
3. 独立；客观；公正；回避。（《精神卫生法》第 33 条第 2 款）
4. 诊断；治疗；安全；有效。（《精神卫生法》第 41 条第 1 款）
5. 社区康复机构；生活自理能力；社会适应能力。（《精神卫生法》第 54 条）

（五）简答题

1. 答：根据《精神卫生法》第 25 条规定，开展精神障碍诊断、治疗活动，应当具备下列条件，并依照医疗机构的管理规定办理有关手续：（1）有与从事的精神障碍诊断、治疗相适应的精神科执业医师、护士；（2）有满足开展精神障碍诊断、治疗需要的设施和设备；（3）有完善的精神障碍诊断、治疗管理制度和质量监控制度。从事精神障碍诊断、治疗的专科医疗机构还应当配备从事心理治疗的人员。

2. 答：根据《精神卫生法》第 78 条规定，违反本法规定，有下列情形之一，给精神障碍患者或者其他公民造成人身、财产或者其他损害的，依法承担赔偿责任：（1）将非精神障碍患者故意作为精神障碍患者送入医疗机构治疗的；（2）精神障碍患者的监护人遗弃患者，或者有不履行监护职责的其他情形的；（3）歧视、侮辱、虐待精神障碍患者，侵害患者的人格尊严、人身安全的；（4）非法限制精神障碍患者人身自由的；（5）其他侵害精神障碍患者合法权益的情形。

十二、人口与计划生育法

（一）判断题

1. 计划生育行政部门及其工作人员依法执行公务受法律保护。(　　)
2. 村民委员会、居民委员会应当依法做好计划生育工作。机关、部队、社会团体、企业事业组织应当做好本单位的计划生育工作。(　　)
3. 禁止歧视、虐待生育女婴的妇女和不育的妇女。(　　)
4. 地方各级人民政府对农村实行计划生育的家庭发展经济，给予资金、技术、培训等方面的支持、优惠；对实行计划生育的贫困家庭，在扶贫贷款、以工代赈、扶贫项目和社会救济等方面给予优先照顾。(　　)
5. 可以利用超声技术和其他技术手段进行非医学需要的胎儿性别鉴定。(　　)
6. 不符合规定生育子女的公民，应当依法缴纳社会抚养费。(　　)

（二）单项选择题

1. 国家提倡一对夫妻生育(　　)个子女。

   A. 1　　B. 2

   C. 3　　D. 4

2. 流动人口的计划生育工作由其(　　)和(　　)的人民政府共同负责管理，以(　　)为主。

   A. 户籍所在地；现居住地；现居住地

   B. 现居住地；户籍所在地；户籍所在地

   C. 经常居住地；户籍所在地；经常居住地

   D. 户籍所在地；经常居住地；户籍所在地

3. 关于计划生育技术服务，下列说法错误的是：(　　)

   A. 国家建立婚前保健、孕产期保健制度

   B. 对已生育子女的夫妻，提倡选择长效避孕措施

C. 国家鼓励计划生育新技术、新药具的研究、应用和推广

D. 公民可以利用技术手段鉴定胎儿性别

（三）多项选择题

1. 计划生育技术服务人员应当指导实行计划生育的公民选择（　　）的避孕措施。

   A. 安全　　B. 有效

   C. 适宜　　D. 经常性

2. 关于生育调节，下列说法正确的有：（　　）

   A. 实行计划生育，以避孕为主

   B. 实施避孕节育手术，应当保证受术者的安全

   C. 育龄夫妻自主选择计划生育避孕节育措施，预防和减少非意愿妊娠

   D. 实行计划生育的育龄夫妻免费享受国家规定的基本项目的计划生育技术服

3. 国家建立、健全（　　）等社会保障制度，促进计划生育。

   A. 基本养老保险　　B. 基本医疗保险

   C. 生育保险　　D. 社会福利

（四）填空题

1. 我国是人口众多的国家，实行计划生育是国家的____。
2. 公民有生育的____，也有依法实行计划生育的____，夫妻双方在实行计划生育中负有共同的责任。
3. 妇女____、____和____期间，按照国家有关规定享受特殊劳动保护并可以获得帮助和补偿。
4. 禁止____、____、____女婴。
5. 在国家提倡一对夫妻生育一个子女期间，自愿终身只生育一个子女的夫妻，国家发给____。

参考答案

（一）判断题

1. √，解析：《人口与计划生育法》第4条第2款规定，计划生育行政部门及其工作人员依法执行公务受法律保护。
2. √，解析：《人口与计划生育法》第12条规定，村民委员会、居民委员会应当依法做好计划生育工作。机关、部队、社会团体、企业事业组织应当做好本单位的计划生育工作。
3. √，解析：《人口与计划生育法》第22条规定，禁止歧视、虐待生育女婴的妇女和不育的妇女。禁止歧视、虐待、遗弃女婴。
4. √，解析：《人口与计划生育法》第28条规定，地方各级人民政府对农村实行计划生育的家庭发展经济，给予资金、技术、培训等方面的支持、优惠；对实行计划生育的贫困家庭，在扶贫贷款、以工代赈、扶贫项目和社会救济等方面给予优先照顾。
5. ×，解析：《人口与计划生育法》第35条规定，严禁利用超声技术和其他技术手段进行非医学需要的胎儿性别鉴定；严禁非医学需要的选择性别的人工终止妊娠。
6. √，解析：《人口与计划生育法》第41条规定，不符合本法第18条规定生育子女的公民，应当依法缴纳社会抚养费。未在规定的期限内足额缴纳应当缴纳的社会抚养费的，自欠缴之日起，按照国家有关规定加收滞纳金；仍不缴纳的，由作出征收决定的计划生育行政部门依法向人民法院申请强制执行。

（二）单项选择题

1. B，解析：《人口与计划生育法》第18条第1款规定，国家提倡一对夫妻生育两个子女。
2. A，解析：《人口与计划生育法》第14条规定，流动人口的计划生育工作由其户籍所在地和现居住地的人民政府共同负责管理，以现居住地为主。
3. D，解析：《人口与计划生育法》第30条规定，国家建立婚前保健、孕产期保健制度，防止或者减少出生缺陷，提高出生婴儿健康水平。第34条第2、3款规定，对已生育子女的夫妻，提倡选择长效避孕措施。国家鼓励计划生育新技术、新药具的研究、应用和推广。第35条规定，严禁利用超声技术和其他技术手段进行非医学需要的胎儿性别鉴定；严禁非医学需要的选择性别的人工终止妊娠。

（三）多项选择题

1. ABC，解析：《人口与计划生育法》第 34 条第 1 款规定，计划生育技术服务人员应当指导实行计划生育的公民选择安全、有效、适宜的避孕措施。
2. ABCD，解析：《人口与计划生育法》第 19 条规定，实行计划生育，以避孕为主。国家创造条件，保障公民知情选择安全、有效、适宜的避孕节育措施。实施避孕节育手术，应当保证受术者的安全。第 20 条规定，育龄夫妻自主选择计划生育避孕节育措施，预防和减少非意愿妊娠。第 21 条第 1 款规定，实行计划生育的育龄夫妻免费享受国家规定的基本项目的计划生育技术服务。
3. ABCD，解析：《人口与计划生育法》第 24 条第 1 款规定，国家建立、健全基本养老保险、基本医疗保险、生育保险和社会福利等社会保障制度，促进计划生育。

（四）填空题

1. 基本国策。（《人口与计划生育法》第 2 条第 1 款）
2. 权利；义务。（《人口与计划生育法》第 17 条）
3. 怀孕；生育；哺乳。（《人口与计划生育法》第 26 条第 1 款）
4. 歧视；虐待；遗弃。（《人口与计划生育法》第 22 条第 2 款）
5. 《独生子女父母光荣证》。（《人口与计划生育法》第 27 条第 1 款）

十三、社会保险法

（一）判断题

1. 个人依法享受社会保险待遇，有权监督本单位为其缴费情况。（　　）
2. 基本养老保险实行社会统筹与个人账户相结合。（　　）
3. 基本养老保险个人账户可以提前支取。（　　）
4. 参加基本养老保险的个人，达到法定退休年龄时累计缴费不足 15 年的，可以缴费至满 15 年，按月领取基本养老金；也可以转入新型农村社会养老保险或者城镇居民社会养老保险，按照国务院规定享受相应的养老保险待遇。（　　）
5. 个人跨统筹地区就业的，其基本养老保险关系随本人转移，缴费年限累计计算。（　　）
6. 个人跨统筹地区就业的，其基本医疗保险关系随本人转移，缴费年限不累计计算。（　　）
7. 失业人员在领取失业保险金期间，参加职工基本医疗保险，享受基本医疗保险待遇。（　　）
8. 生育津贴按照职工所在用人单位上年度职工月平均工资计发。（　　）

（二）单项选择题

1. 职工应当参加基本养老保险，由（　　）缴纳基本养老保险费。

   A. 用人单位　　　　B. 职工

   C. 用人单位或职工　　　　D. 用人单位和职工

2. 关于基本养老金，下列说法正确的是：（　　）

   A. 基本养老金由统筹养老金组成

   B. 基本养老金由个人账户养老金组成

   C. 基本养老金由统筹养老金和个人账户养老金组成

   D. 基本养老金只需根据个人累计缴费年限、缴费工资确定

3. 参加基本养老保险的个人，达到法定退休年龄时累计缴费满(　　)年的，按月领取基本养老金。

A. 15　　B. 10

C. 20　　D. 25

4. 因工伤发生费用，按照国家规定由用人单位支付的不包括：(　　)

A. 治疗工伤期间的工资福利

B. 劳动能力鉴定费

C. 五级、六级伤残职工按月领取的伤残津贴

D. 终止或者解除劳动合同时，应当享受的一次性伤残就业补助金

5. 失业人员失业前用人单位和本人累计缴费满1年不足5年的，领取失业保险金的期限最长为(　　)个月；累计缴费满5年不足10年的，领取失业保险金的期限最长为(　　)个月；累计缴费10年以上的，领取失业保险金的期限最长为(　　)个月。重新就业后，再次失业的，缴费时间重新计算，领取失业保险金的期限与前次失业应当领取而尚未领取的失业保险金的期限合并计算，最长不超过(　　)个月。

A. 14；16；18；24

B. 10；12；18；24

C. 12；18；24；24

D. 6；8；12；18

6. 用人单位应当及时为失业人员出具终止或者解除劳动关系的证明，并将失业人员的名单自终止或者解除劳动关系之日起(　　)日内告知社会保险经办机构。

A. 7　　B. 25

C. 10　　D. 15

7. 用人单位未按规定申报应当缴纳的社会保险费数额的，按照该单位上月缴费额的(　　)确定应当缴纳数额；缴费单位补办申报手续后，由社会保险费征收机构按照规定结算。

A. 115%　　B. 120%

C. 100%　　D. 110%

（三）多项选择题

1. 国家建立（　　）等社会保险制度，保障公民在年老、疾病、工伤、失业、生育等情况下依法从国家和社会获得物质帮助的权利。

A. 基本养老保险

B. 基本医疗保险

C. 工伤保险、失业保险

D. 生育保险

2. 关于社会保险，下列说法正确的有：（　　）

A. 国家通过税收优惠政策支持社会保险事业

B. 国家对社会保险基金实行严格监管

C. 社会保险经办机构提供社会保险服务，负责社会保险登记、个人权益记录、社会保险待遇支付等工作

D. 县级以上人民政府将社会保险事业纳入国民经济和社会发展规划

3. 参加基本养老保险的个人，因病或者非因工死亡的，其遗属可以领取（　　）。

A. 赔偿款　　B. 丧葬补助金

C. 抚恤金　　D. 病残津贴

4. 关于基本医疗保险，下列说法正确的有：（　　）

A. 国家建立和完善新型农村合作医疗制度

B. 职工应当参加职工基本医疗保险

C. 国家建立和完善城镇居民基本医疗保险制度

D. 城镇居民基本医疗保险实行个人缴费和政府补贴相结合

5. （　　）等所需个人缴费部分，由政府给予补贴。

A. 享受最低生活保障的人

B. 丧失劳动能力的残疾人

C. 低收入家庭 65 周岁以上的老年人

D. 未成年人

6. 失业人员从失业保险基金中领取失业保险金的条件包括：（　　）

A. 失业前用人单位和本人已经缴纳失业保险费满 2 年

B. 非因本人意愿中断就业

C. 已经进行失业登记，并有求职要求

D. 失业前用人单位和本人已经缴纳失业保险费满 1 年

7. 关于生育医疗费用和生育津贴，下列说法正确的有：(　　)

A. 生育医疗费用包括生育的医疗费用

B. 生育医疗费用包括计划生育的医疗费用

C. 女职工生育享受产假，可以按照国家规定享受生育津贴

D. 享受计划生育手术休假，可以按照国家规定享受生育津贴

(四) 填空题

1. 社会保险制度坚持____、____、____、____的方针，社会保险水平应当与经济社会发展水平相适应。
2. 基本养老保险基金由____和____缴费以及____等组成。
3. 职工应当按照国家规定的____缴纳基本养老保险费，记入____。
4. 国家建立基本养老金____机制。根据职工____、____情况，适时提高基本养老保险待遇水平。
5. 职工应当参加工伤保险，由____缴纳工伤保险费，____不缴纳工伤保险费。
6. 失业人员在领取失业保险金期间死亡的，参照当地对在职职工死亡的规定，向其遗属发给____和____。所需资金从____中支付。
7. 生育保险待遇包括____和____。

(五) 简答题

1. 哪些医疗费用不纳入基本医疗保险基金支付范围？
2. 简述不认定为工伤的情形。
3. 因工伤发生的哪些费用，按照国家规定从工伤保险基金中支付？
4. 简述工伤职工停止享受工伤保险待遇的情形。
5. 简述失业人员停止领取失业保险金，并同时停止享受其他失业保险待遇的情形。

参考答案

（一）判断题

1. √，解析：《社会保险法》第 4 条第 2 款规定，个人依法享受社会保险待遇，有权监督本单位为其缴费情况。
2. √，解析：《社会保险法》第 11 条第 1 款规定，基本养老保险实行社会统筹与个人账户相结合。
3. ×，解析：《社会保险法》第 14 条规定，个人账户不得提前支取，记账利率不得低于银行定期存款利率，免征利息税。个人死亡的，个人账户余额可以继承。
4. √，解析：《社会保险法》第 16 条第 2 款规定，参加基本养老保险的个人，达到法定退休年龄时累计缴费不足 15 年的，可以缴费至满 15 年，按月领取基本养老金；也可以转入新型农村社会养老保险或者城镇居民社会养老保险，按照国务院规定享受相应的养老保险待遇。
5. √，解析：《社会保险法》第 19 条规定，个人跨统筹地区就业的，其基本养老保险关系随本人转移，缴费年限累计计算。个人达到法定退休年龄时，基本养老金分段计算、统一支付。具体办法由国务院规定。
6. ×，解析：《社会保险法》第 32 条规定，个人跨统筹地区就业的，其基本医疗保险关系随本人转移，缴费年限累计计算。
7. √，解析：《社会保险法》第 48 条第 1 款规定，失业人员在领取失业保险金期间，参加职工基本医疗保险，享受基本医疗保险待遇。
8. √，解析：《社会保险法》第 56 条第 2 款规定，生育津贴按照职工所在用人单位上年度职工月平均工资计发。

（二）单项选择题

1. D，解析：《社会保险法》第 10 条第 1 款规定，职工应当参加基本养老保险，由用人单位和职工共同缴纳基本养老保险费。
2. C，解析：《社会保险法》第 15 条规定，基本养老金由统筹养老金和个人账户养老金组成。基本养老金根据个人累计缴费年限、缴费工资、当地职工平均工资、个人账户金额、城镇人口平均预期寿命等因素确定。
3. A，解析：《社会保险法》第 16 条第 1 款规定，参加基本养老保险的个人，达到法定退休年龄时累计缴费满 15 年的，按月领取基本养老金。

4. B，解析：《社会保险法》第 39 条规定，因工伤发生的下列费用，按照国家规定由用人单位支付：（1）治疗工伤期间的工资福利；（2）五级、六级伤残职工按月领取的伤残津贴；（3）终止或者解除劳动合同时，应当享受的一次性伤残就业补助金。
5. C，解析：《社会保险法》第 46 条规定，失业人员失业前用人单位和本人累计缴费满 1 年不足 5 年的，领取失业保险金的期限最长为 12 个月；累计缴费满 5 年不足 10 年的，领取失业保险金的期限最长为 18 个月；累计缴费 10 年以上的，领取失业保险金的期限最长为 24 个月。重新就业后，再次失业的，缴费时间重新计算，领取失业保险金的期限与前次失业应当领取而尚未领取的失业保险金的期限合并计算，最长不超过 24 个月。
6. D，解析：《社会保险法》第 50 条第 1 款规定，用人单位应当及时为失业人员出具终止或者解除劳动关系的证明，并将失业人员的名单自终止或者解除劳动关系之日起 15 日内告知社会保险经办机构。
7. D，解析：《社会保险法》第 62 条规定，用人单位未按规定申报应当缴纳的社会保险费数额的，按照该单位上月缴费额的 110% 确定应当缴纳数额；缴费单位补办申报手续后，由社会保险费征收机构按照规定结算。

（三）多项选择题

1. ABCD，解析：《社会保险法》第 2 条规定，国家建立基本养老保险、基本医疗保险、工伤保险、失业保险、生育保险等社会保险制度，保障公民在年老、疾病、工伤、失业、生育等情况下依法从国家和社会获得物质帮助的权利。
2. ABCD，解析：《社会保险法》第 5 条规定，县级以上人民政府将社会保险事业纳入国民经济和社会发展规划。国家多渠道筹集社会保险资金。县级以上人民政府对社会保险事业给予必要的经费支持。国家通过税收优惠政策支持社会保险事业。第 6 条第 1 款规定，国家对社会保险基金实行严格监管。第 8 条规定，社会保险经办机构提供社会保险服务，负责社会保险登记、个人权益记录、社会保险待遇支付等工作。
3. BC，解析：《社会保险法》第 17 条规定，参加基本养老保险的个人，因病或者非因工死亡的，其遗属可以领取丧葬补助金和抚恤金；在未达到法定退休年龄时因病或者非因工致残完全丧失劳动能力的，可以领取病残津贴。所需资金从基本养老保险基金中支付。
4. ABCD，解析：《社会保险法》第 23 条第 1 款规定，职工应当参加职工基本医疗保险，由用人单位和职工按照国家规定共同缴纳基本医疗保险费。第 24 条规定，国家建立和完善新型农村合作医疗制度。新型农村合作医疗的管理办法，由国务院规定。第 25 条第 1、2 款规定，国家建立和完善城镇居民基本医疗保险制度。城镇居民基本医疗保险实行个人缴费和政府补贴相结合。

5. ABD，解析：《社会保险法》第 25 第 3 款规定，享受最低生活保障的人、丧失劳动能力的残疾人、低收入家庭 60 周岁以上的老年人和未成年人等所需个人缴费部分，由政府给予补贴。
6. BCD，解析：《社会保险法》第 45 条规定，失业人员符合下列条件的，从失业保险基金中领取失业保险金：（1）失业前用人单位和本人已经缴纳失业保险费满 1 年的；（2）非因本人意愿中断就业的；（3）已经进行失业登记，并有求职要求的。
7. ABCD，解析：《社会保险法》第 55 条，生育医疗费用包括下列各项：（1）生育的医疗费用；（2）计划生育的医疗费用；（3）法律、法规规定的其他项目费用。第 56 条第 1 款规定，职工有下列情形之一的，可以按照国家规定享受生育津贴：（1）女职工生育享受产假；（2）享受计划生育手术休假；（3）法律、法规规定的其他情形。

（四）填空题

1. 广覆盖；保基本；多层次；可持续。（《社会保险法》第 3 条）
2. 用人单位；个人；政府补贴。（《社会保险法》第 11 条第 2 款）
3. 本人工资的比例；个人账户。（《社会保险法》第 12 条第 2 款）
4. 正常调整；平均工资增长；物价上涨。（《社会保险法》第 18 条）
5. 用人单位；职工。（《社会保险法》第 33 条）
6. 一次性丧葬补助金；抚恤金；失业保险基金。（《社会保险法》第 49 条第 1 款）
7. 生育医疗费用；生育津贴。（《社会保险法》第 54 条第 2 款）

（五）简答题

1. 答：根据《社会保险法》第 30 条规定，下列医疗费用不纳入基本医疗保险基金支付范围：（1）应当从工伤保险基金中支付的；（2）应当由第三人负担的；（3）应当由公共卫生负担的；（4）在境外就医的。医疗费用依法应当由第三人负担，第三人不支付或者无法确定第三人的，由基本医疗保险基金先行支付。基本医疗保险基金先行支付后，有权向第三人追偿。
2. 答：根据《社会保险法》第 37 条规定，职工因下列情形之一导致本人在工作中伤亡的，不认定为工伤：（1）故意犯罪；（2）醉酒或者吸毒；（3）自残或者自杀；（4）法律、行政法规规定的其他情形。

3. 答：根据《社会保险法》第38条规定，因工伤发生的下列费用，按照国家规定从工伤保险基金中支付：（1）治疗工伤的医疗费用和康复费用；（2）住院伙食补助费；（3）到统筹地区以外就医的交通食宿费；（4）安装配置伤残辅助器具所需费用；（5）生活不能自理的，经劳动能力鉴定委员会确认的生活护理费；（6）一次性伤残补助金和一至四级伤残职工按月领取的伤残津贴；（7）终止或者解除劳动合同时，应当享受的一次性医疗补助金；（8）因工死亡的，其遗属领取的丧葬补助金、供养亲属抚恤金和因工死亡补助金；（9）劳动能力鉴定费。

4. 答：根据《社会保险法》第43条规定，工伤职工有下列情形之一的，停止享受工伤保险待遇：（1）丧失享受待遇条件的；（2）拒不接受劳动能力鉴定；（3）拒绝治疗的。

5. 答：根据《社会保险法》第51条规定，失业人员在领取失业保险金期间有下列情形之一的，停止领取失业保险金，并同时停止享受其他失业保险待遇：（1）重新就业的；（2）应征服兵役的；（3）移居境外的；（4）享受基本养老保险待遇的；（5）无正当理由，拒不接受当地人民政府指定部门或者机构介绍的适当工作或者提供的培训的。

十四、公益事业捐赠法

（一）判断题

1.《公益事业捐赠法》所称公益性社会团体是指依法成立的，以发展公益事业为宗旨的基金会、慈善组织等社会团体。（　　）

2. 县级以上人民政府及其部门可以将受赠财产转交公益性社会团体或者公益性非营利的事业单位；也可以按照捐赠人的意愿分发或者兴办公益事业，且可以以本机关为受益对象。（　　）

3. 境外捐赠人捐赠的财产，由受赠人按照国家有关规定办理入境手续；捐赠实行许可证管理的物品，由受赠人按照国家有关规定办理许可证申领手续，海关凭许可证验放、监管。华侨向境内捐赠的，县级以上人民政府侨务部门可以协助办理有关入境手续，为捐赠人实施捐赠项目提供帮助。（　　）

4. 对于不易储存、运输和超过实际需要的受赠财产，受赠人可以变卖，所取得的全部收入，应当用于捐赠目的。（　　）

5. 县级以上人民政府侨务部门可以参与对华侨向境内捐赠财产使用与管理的监督。（　　）

6. 受赠单位的工作人员，滥用职权，玩忽职守，徇私舞弊，致使捐赠财产造成重大损失的，由所在单位依照有关规定予以处理；构成犯罪的，依法追究刑事责任。（　　）

（二）单项选择题

1. 捐赠人对于捐赠的公益事业工程项目可以留名纪念；捐赠人单独捐赠的工程项目或者主要由捐赠人出资兴建的工程项目，可以由捐赠人提出工程项目的名称，报（　　）批准。

A. 县级以上人民政府　　B. 乡级以上人民政府

C. 村委会　　D. 省级以上人民政府

2. 受赠人(　　)应当向政府有关部门报告受赠财产的使用、管理情况，接受监督。必要时，政府有关部门可以对其财务进行审计。

A. 每年度　　B. 每季度

C. 每月　　D. 每日

3. 受赠人应当(　　)接受捐赠的情况和受赠财产的使用、管理情况，接受社会监督。

A. 公开　　B. 公正

C. 公平　　D. 公证

(三) 多项选择题

1.《公益事业捐赠法》所称公益事业具体包括：(　　)

A. 救助灾害、救济贫困、扶助残疾人等困难的社会群体和个人的活动

B. 教育、科学、文化、卫生、体育事业

C. 环境保护、社会公共设施建设

D. 促进社会发展和进步的其他社会公共和福利事业

2. (　　)捐赠款物的，由县级以上人民政府有关部门责令退还所用、所得款物，并处以罚款；对直接责任人员，由所在单位依照有关规定予以处理；构成犯罪的，依法追究刑事责任。

A. 挪用　　B. 侵占

C. 贪污　　D. 藏匿

3. (　　)可以选择符合其捐赠意愿的公益性社会团体和公益性非营利的事业单位进行捐赠。捐赠的财产应当是其有权处分的合法财产。

A. 自然人　　B. 法人

C. 其他组织　　D. 民政局

(四) 填空题

1. 捐赠应当是____和____的，禁止强行摊派或者变相摊派，不得以捐赠为名从事营利活动。

2. 国家鼓励公益事业的发展，对公益性____和公益性____给予扶持和优待。

3.《公益事业捐赠法》所称公益性非营利的事业单位是指依法成立的，从事

公益事业的____的教育机构、科学研究机构、医疗卫生机构、社会公共文化机构、社会公共体育机构和社会福利机构等。

4. 捐赠人应当依法履行捐赠协议，按照捐赠协议约定的____和____将捐赠财产转移给受赠人。

5. 受赠人与捐赠人订立了捐赠协议的，应当按照协议约定的用途使用捐赠财产，不得____改变捐赠财产的用途。如果确需改变用途的，应当征得捐赠人的____。

（五）简答题

简述《公益事业捐赠法》中捐赠的优惠措施。

参考答案

（一）判断题

1. √，解析：《公益事业捐赠法》第 10 条第 2 款规定，本法所称公益性社会团体是指依法成立的，以发展公益事业为宗旨的基金会、慈善组织等社会团体。

2. ×，解析：《公益事业捐赠法》第 11 条第 2 款规定，县级以上人民政府及其部门可以将受赠财产转交公益性社会团体或者公益性非营利的事业单位；也可以按照捐赠人的意愿分发或者兴办公益事业，但是不得以本机关为受益对象。

3. √，解析：《公益事业捐赠法》第 15 条规定，境外捐赠人捐赠的财产，由受赠人按照国家有关规定办理入境手续；捐赠实行许可证管理的物品，由受赠人按照国家有关规定办理许可证申领手续，海关凭许可证验放、监管。华侨向境内捐赠的，县级以上人民政府侨务部门可以协助办理有关入境手续，为捐赠人实施捐赠项目提供帮助。

4. √，解析：《公益事业捐赠法》第 17 条第 4 款规定，对于不易储存、运输和超过实际需要的受赠财产，受赠人可以变卖，所取得的全部收入，应当用于捐赠目的。

5. √，解析：《公益事业捐赠法》第 20 条第 3 款规定，县级以上人民政府侨务部门可以参与对华侨向境内捐赠财产使用与管理的监督。

6. √，解析：《公益事业捐赠法》第 31 条规定，受赠单位的工作人员，滥用职权，玩忽职守，徇私舞弊，致使捐赠财产造成重大损失的，由所在单位依照有关规定予以处理；构成犯罪的，依法追究刑事责任。

（二）单项选择题

1. A，解析：《公益事业捐赠法》第 14 条规定，捐赠人对于捐赠的公益事业工程项目可以留名纪念；捐赠人单独捐赠的工程项目或者主要由捐赠人出资兴建的工程项目，可以由捐赠人提出工程项目的名称，报县级以上人民政府批准。
2. A，解析：《公益事业捐赠法》第 20 条第 1 款规定，受赠人每年度应当向政府有关部门报告受赠财产的使用、管理情况，接受监督。必要时，政府有关部门可以对其财务进行审计。
3. A，解析：《公益事业捐赠法》第 22 条规定，受赠人应当公开接受捐赠的情况和受赠财产的使用、管理情况，接受社会监督。

（三）多项选择题

1. ABCD，解析：《公益事业捐赠法》第 3 条规定，本法所称公益事业是指非营利的下列事项：（1）救助灾害、救济贫困、扶助残疾人等困难的社会群体和个人的活动；（2）教育、科学、文化、卫生、体育事业；（3）环境保护、社会公共设施建设；（4）促进社会发展和进步的其他社会公共和福利事业。
2. ABC，解析：《公益事业捐赠法》第 29 条第 1 款规定，挪用、侵占或者贪污捐赠款物的，由县级以上人民政府有关部门责令退还所用、所得款物，并处以罚款；对直接责任人员，由所在单位依照有关规定予以处理；构成犯罪的，依法追究刑事责任。
3. ABC，解析：《公益事业捐赠法》第 9 条规定，自然人、法人或者其他组织可以选择符合其捐赠意愿的公益性社会团体和公益性非营利的事业单位进行捐赠。捐赠的财产应当是其有权处分的合法财产。

（四）填空题

1. 自愿；无偿。（《公益事业捐赠法》第 4 条）
2. 社会团体；非营利的事业单位。（《公益事业捐赠法》第 8 条第 1 款）
3. 不以营利为目的。（《公益事业捐赠法》第 10 条第 3 款）
4. 期限；方式。（《公益事业捐赠法》第 12 条第 2 款）
5. 擅自；同意。（《公益事业捐赠法》第 18 条）

（五）简答题

答：根据《公益事业捐赠法》第 24 条至第 27 条规定，优惠措施包括：（1）公司和其他企业依照《公益事业捐赠法》的规定捐赠财产用于公益事业，依照法律、行政法规的规定享受企业所得税方面的优惠。（2）自然人和个体工商户依照《公益事业捐赠法》的规定捐赠财产用于公益事业，依照法律、行政法规的规定享受个人所得税方面的优惠。（3）境外向公益性社会团体和公益性非营利的事业单位捐赠的用于公益事业的物资，依照法律、行政法规的规定减征或者免征进口关税和进口环节的增值税。（4）对于捐赠的工程项目，当地人民政府应当给予支持和优惠。

十五、残疾人保障法

（一）判断题

1. 残疾人是指在心理、生理、人体结构上，某种组织、功能丧失或者不正常，全部或者部分丧失以正常方式从事某种活动能力的人。（　　）
2. 国家采取辅助方法和扶持措施，对残疾人给予特别扶助，减轻或者消除残疾影响和外界障碍，保障残疾人权利的实现。（　　）
3. 国家建立健全残疾人统计调查制度，开展残疾人状况的统计调查和分析。（　　）
4. 国家保障残疾人享有平等接受教育的权利。（　　）
5. 各级人民政府对接受义务教育的残疾学生、贫困残疾人家庭的学生提供免费教科书，减少寄宿生活费等费用；对接受义务教育以外其他教育的残疾学生、贫困残疾人家庭的学生按照国家有关规定给予资助。（　　）
6. 政府有关部门、残疾人所在单位和有关社会组织应当对残疾人开展扫除文盲、职业培训、创业培训和其他成人教育，鼓励残疾人自学成才。（　　）

（二）单项选择题

1. 每年（　　）月的第三个星期日为全国助残日。

   A. 3　　B. 10

   C. 12　　D. 5

2. 残疾人教育，实行普及与提高相结合、以普及为重点的方针，保障（　　），着重发展（　　），积极开展（　　），逐步发展（　　）。

   A. 义务教育；职业教育；学前教育；高级中等以上教育

   B. 职业教育；义务教育；学前教育；高级中等以上教育

   C. 职业教育；学前教育；高级中等以上教育；义务教育

   D. 义务教育；学前教育；职业教育；高级中等以上教育

3. （　　）以上人民政府应当根据残疾人的数量、分布状况和残疾类别等因素，合理设置残疾人教育机构，并鼓励社会力量办学、捐资助学。

A. 县级　　B. 市级

C. 省级　　D. 乡级

4. 政府和社会促进残疾人与其他公民之间的相互理解和交流，宣传残疾人事业和扶助残疾人的事迹，弘扬残疾人(　　)的精神，倡导团结、友爱、互助的社会风尚。

A. 团结互助　　B. 自强不息

C. 乐观向上　　D. 身残志坚

(三) 多项选择题

1. 残疾人包括(　　)、智力残疾、精神残疾、多重残疾和其他残疾的人。

A. 视力残疾　　B. 听力残疾

C. 言语残疾　　D. 肢体残疾

2. 国家鼓励残疾人(　　)，为社会主义建设贡献力量。残疾人应当遵守法律、法规，履行应尽的义务，遵守公共秩序，尊重社会公德。

A. 自尊　　B. 自信

C. 自强　　D. 自立

3. 医学院校和其他有关院校应当有计划地开设康复课程，设置相关专业，培养各类康复专业人才。政府和社会采取多种形式对从事康复工作的人员进行技术培训；向(　　)普及康复知识，传授康复方法。

A. 残疾人　　B. 残疾人亲属

C. 有关工作人员　　D. 志愿工作者

4. 残疾人享有的权利包括：(　　)

A. 平等参与文化生活的权利　　B. 劳动的权利

C. 平等接受教育的权利　　D. 享有康复服务的权利

5. 残疾人劳动就业，实行集中与分散相结合的方针，采取优惠政策和扶持保护措施，通过(　　)，使残疾人劳动就业逐步普及、稳定、合理。

A. 多渠道　　B. 多层次

C. 多种形式　　D. 多方面

6. 残疾人联合会举办的残疾人就业服务机构，应当组织开展免费的(　　)，为残疾人就业和用人单位招用残疾人提供服务和帮助。

A. 职业规划　　B. 职业介绍

C. 职业培训　　D. 职业指导

（四）填空题

1. 残疾人的____和____受法律保护。
2. 国家采取措施，保障残疾人依照法律规定，通过各种途径和形式，管理____，管理____，管理____。
3. ____和____有权向各级国家机关提出残疾人权益保障、残疾人事业发展等方面的意见和建议。
4. 特殊教育____和____，享受特殊教育津贴。
5. 盲人持____免费乘坐市内公共汽车、电车、地铁、渡船等公共交通工具。盲人读物邮件____寄递。
6. 国家举办的各类升学考试、职业资格考试和任职考试，有盲人参加的，应当为盲人提供____、____或者由专门的工作人员予以协助。

（五）简答题

1. 简述残疾人教育在实施时应注意的事项。
2. 简述政府和社会可以采取的丰富残疾人的精神文化生活的措施。

参考答案

（一）判断题

1. √，解析：《残疾人保障法》第 2 条第 1 款规定，残疾人是指在心理、生理、人体结构上，某种组织、功能丧失或者不正常，全部或者部分丧失以正常方式从事某种活动能力的人。
2. √，解析：《残疾人保障法》第 4 条规定，国家采取辅助方法和扶持措施，对残疾人给予特别扶助，减轻或者消除残疾影响和外界障碍，保障残疾人权利的实现。
3. √，解析：《残疾人保障法》第 11 条第 2 款规定，国家建立健全残疾人统计调查制度，开展残疾人状况的统计调查和分析。

4. √，解析：《残疾人保障法》第 21 条第 1 款规定，国家保障残疾人享有平等接受教育的权利。

5. ×，解析：《残疾人保障法》第 21 条第 4 款规定，各级人民政府对接受义务教育的残疾学生、贫困残疾人家庭的学生提供免费教科书，并给予寄宿生活费等费用补助；对接受义务教育以外其他教育的残疾学生、贫困残疾人家庭的学生按照国家有关规定给予资助。

6. √，解析：《残疾人保障法》第 27 条规定，政府有关部门、残疾人所在单位和有关社会组织应当对残疾人开展扫除文盲、职业培训、创业培训和其他成人教育，鼓励残疾人自学成才。

（二）单项选择题

1. D，解析：《残疾人保障法》第 14 条规定，每年 5 月的第三个星期日为全国助残日。

2. A，解析：《残疾人保障法》第 22 条规定，残疾人教育，实行普及与提高相结合、以普及为重点的方针，保障义务教育，着重发展职业教育，积极开展学前教育，逐步发展高级中等以上教育。

3. A，解析：《残疾人保障法》第 24 条规定，县级以上人民政府应当根据残疾人的数量、分布状况和残疾类别等因素，合理设置残疾人教育机构，并鼓励社会力量办学、捐资助学。

4. B，解析：《残疾人保障法》第 45 条规定，政府和社会促进残疾人与其他公民之间的相互理解和交流，宣传残疾人事业和扶助残疾人的事迹，弘扬残疾人自强不息的精神，倡导团结、友爱、互助的社会风尚。

（三）多项选择题

1. ABCD，解析：《残疾人保障法》第 2 条第 2 款规定，残疾人包括视力残疾、听力残疾、言语残疾、肢体残疾、智力残疾、精神残疾、多重残疾和其他残疾的人。

2. ABCD，解析：《残疾人保障法》第 10 条第 1 款规定，国家鼓励残疾人自尊、自信、自强、自立，为社会主义建设贡献力量。

3. ABCD，解析：《残疾人保障法》第 19 条规定，医学院校和其他有关院校应当有计划地开设康复课程，设置相关专业，培养各类康复专业人才。政府和社会采取多种形式对从事康复工作的人员进行技术培训；向残疾人、残疾人亲属、有关工作人员和志愿工作者普及康复知识，传授康复方法。

4. ABCD，解析：《残疾人保障法》第 15 条第 1 款规定，国家保障残疾人享有康复服务的权利。第 21 条第 1 款规定，国家保障残疾人享有平等接受教育的权利。第 30 条第 1 款规定，国家保障残疾人劳动的权利。第 41 条第 1 款规定，国家保障残疾人享有平等参与文化生活的权利。
5. ABC，解析：《残疾人保障法》第 31 条规定，残疾人劳动就业，实行集中与分散相结合的方针，采取优惠政策和扶持保护措施，通过多渠道、多层次、多种形式，使残疾人劳动就业逐步普及、稳定、合理。
6. BCD，解析：《残疾人保障法》第 37 条第 2 款规定，残疾人联合会举办的残疾人就业服务机构，应当组织开展免费的职业指导、职业介绍和职业培训，为残疾人就业和用人单位招用残疾人提供服务和帮助。

（四）填空题

1. 公民权利；人格尊严。（《残疾人保障法》第 3 条第 2 款）
2. 国家事务；经济和文化事业；社会事务。（《残疾人保障法》第 6 条第 1 款）
3. 残疾人；残疾人组织。（《残疾人保障法》第 6 条第 3 款）
4. 教师；手语翻译。（《残疾人保障法》第 28 条第 2 款）
5. 有效证件；免费。（《残疾人保障法》第 50 条第 2 款）
6. 盲文试卷；电子试卷。（《残疾人保障法》第 54 条第 4 款）

（五）简答题

1. 答：根据《残疾人保障法》第 23 条规定，残疾人教育应当根据残疾人的身心特性和需要，按照下列要求实施：（1）在进行思想教育、文化教育的同时，加强身心补偿和职业教育；（2）依据残疾类别和接受能力，采取普通教育方式或者特殊教育方式；（3）特殊教育的课程设置、教材、教学方法、入学和在校年龄，可以有适度弹性。
2. 答：根据《残疾人保障法》第 43 条规定，政府和社会采取下列措施，丰富残疾人的精神文化生活：（1）通过广播、电影、电视、报刊、图书、网络等形式，及时宣传报道残疾人的工作、生活等情况，为残疾人服务；（2）组织和扶持盲文读物、盲人有声读物及其他残疾人读物的编写和出版，根据盲人的实际需要，在公共图书馆设立盲文读物、盲人有声读物图书室；（3）开办电视手语节目，开办残疾人专题广播栏目，推进电视栏目、影视作品加配字幕、解说；（4）组织和扶持残疾人开展群众性文化、体育、娱乐活动，举办特殊艺术演出和残疾人体育运动会，参加国际性比赛和交流；（5）文化、体育、娱乐和其他公共活动场所，为残疾人提供方便和照顾。有计划地兴办残疾人活动场所。

十六、未成年人保护法

（一）判断题

1. 未成年人依法平等地享有各项权利，不因本人及其父母或者其他监护人的民族、种族、性别、户籍、职业、宗教信仰、教育程度、家庭状况、身心健康状况等受到歧视。（　　）
2. 任何组织或者个人发现不利于未成年人身心健康或者侵犯未成年人合法权益的情形，都有权劝阻、制止或者向公安、民政、教育等有关部门提出检举、控告。（　　）
3. 未成年人的父母或者其他监护人应当根据未成年人的年龄和智力发展状况，在作出与未成年人权益有关的决定前，可以不用听取未成年人的意见。（　　）
4. 未成年人的父母离婚后，不直接抚养未成年子女的一方应当依照协议、人民法院判决或者调解确定的时间和方式，在不影响未成年人学习、生活的情况下探望未成年子女，直接抚养的一方应当配合，但被人民法院依法中止探望权的除外。（　　）
5. 学校应当对尚未完成义务教育的辍学未成年学生进行登记并劝返复学；劝返无效的，应当及时向教育行政部门书面报告。（　　）
6. 学校可以适当占用国家法定节假日、休息日及寒暑假期，组织义务教育阶段的未成年学生集体补课。（　　）

（二）单项选择题

1.《未成年人保护法》所称未成年人是指未满（　　）周岁的公民。

A. 18　　B. 16

C. 8　　D. 20

2. 未成年人的父母或者其他监护人不得使未满（　　）周岁的未成年人脱离监护单独生活。

A. 18　　B. 8
C. 16　　D. 10

3. 未成年人的父母或者其他监护人应当及时将委托照护情况书面告知未成年人所在学校、幼儿园和实际居住地的居民委员会、村民委员会，加强和未成年人所在学校、幼儿园的沟通；与未成年人、被委托人至少(　　)联系和交流一次，了解未成年人的生活、学习、心理等情况，并给予未成年人亲情关爱。

A. 每周　　B. 每日
C. 每月　　D. 每半月

4. 营业性娱乐场所、酒吧、互联网上网服务营业场所等不适宜未成年人活动的场所不得招用已满(　　)周岁的未成年人。

A. 16　　B. 15
C. 10　　D. 18

5. 学校应当合理使用网络开展教学活动。未经学校允许，未成年学生不得将手机等智能终端产品带入课堂，带入学校的应当(　　)。

A. 统一管理　　B. 没收
C. 给父母打电话拿回家　　D. 自己保管

（三）多项选择题

1. 未成年人的父母或者其他监护人不得实施下列哪些行为？(　　)

A. 虐待、遗弃、非法送养未成年人或者对未成年人实施家庭暴力
B. 放任、教唆或者利用未成年人实施违法犯罪行为
C. 放任未成年人沉迷网络，接触危害或者可能影响其身心健康的图书、报刊、电影、广播电视节目、音像制品、电子出版物和网络信息等
D. 允许、迫使未成年人结婚或者为未成年人订立婚约

2. 学校应当组织未成年学生参加与其年龄相适应的(　　)，帮助未成年学生掌握必要的劳动知识和技能，养成良好的劳动习惯。

A. 日常生活劳动　　B. 生产劳动
C. 服务性劳动　　D. 有偿性劳动

3. 对未成年人的社会保护包括：(　　)

A. 禁止制作、复制、发布、传播或者持有有关未成年人的淫秽色情物品和网络信息

B. 城市公共交通以及公路、铁路、水路、航空客运等应当按照有关规定对未成年人实施免费或者优惠票价

C. 国家鼓励大型公共场所、公共交通工具、旅游景区景点等设置母婴室、婴儿护理台以及方便幼儿使用的坐便器、洗手台等卫生设施，为未成年人提供便利

D. 任何组织或者个人不得刊登、播放、张贴或者散发含有危害未成年人身心健康内容的广告；不得在学校、幼儿园播放、张贴或者散发商业广告；不得利用校服、教材等发布或者变相发布商业广告

4. 可以开拆、查阅未成年人的信件、日记、电子邮件或者其他网络通讯内容的情形有：（　　）

A. 无民事行为能力未成年人的父母或者其他监护人代未成年人开拆、查阅

B. 因国家安全依法进行检查

C. 紧急情况下为了保护未成年人本人的人身安全

D. 因追查刑事犯罪依法进行检查

5. 民政部门应当依法对未成年人进行长期监护的情形有：（　　）

A. 查找不到未成年人的父母或者其他监护人

B. 监护人死亡或者被宣告死亡且无其他人可以担任监护人

C. 监护人丧失监护能力且无其他人可以担任监护人

D. 人民法院判决撤销监护人资格并指定由民政部门担任监护人

（四）填空题

1. 为了保护未成年人____，保障未成年人____，促进未成年人____全面发展，培养____、____、____、____的社会主义建设者和接班人，培养担当民族复兴大任的时代新人，根据宪法，制定《未成年人保护法》。

2. 国家采取措施____、____、____和____未成年人的父母或者其他监护人履行监护职责。

3. ____以上人民政府应当建立未成年人保护工作协调机制，统筹、协调、督促和指导有关部门在各自职责范围内做好未成年人保护工作。协调机

制具体工作由____以上人民政府民政部门承担，____人民政府也可以根据本地实际情况确定由其他有关部门承担。

4. 国家建立健全未成年人统计调查制度，开展未成年人健康、受教育等状况的____、____和____，发布未成年人保护的有关信息。
5. 学校应当根据未成年学生身心发展特点，进行社会生活指导、心理健康辅导、____和____。
6. 学校、幼儿园应当对未成年人开展适合其年龄的____，提高未成年人防范____、____的自我保护意识和能力。对遭受性侵害、性骚扰的未成年人，学校、幼儿园应当及时采取相关的保护措施。

（五）简答题

1. 简述未成年人的父母或者其他监护人应当履行的监护职责。
2. 简述学校保护未成年人不受学生欺凌的措施。
3. 简述民政部门应当依法对未成年人进行临时监护的情形。

参考答案

（一）判断题

1. √，解析：《未成年人保护法》第 3 条第 2 款规定，未成年人依法平等地享有各项权利，不因本人及其父母或者其他监护人的民族、种族、性别、户籍、职业、宗教信仰、教育程度、家庭状况、身心健康状况等受到歧视。
2. √，解析：《未成年人保护法》第 11 条第 1 款规定，任何组织或者个人发现不利于未成年人身心健康或者侵犯未成年人合法权益的情形，都有权劝阻、制止或者向公安、民政、教育等有关部门提出检举、控告。
3. ×，解析：《未成年人保护法》第 19 条规定，未成年人的父母或者其他监护人应当根据未成年人的年龄和智力发展状况，在作出与未成年人权益有关的决定前，听取未成年人的意见，充分考虑其真实意愿。
4. √，解析：《未成年人保护法》第 24 条第 2 款规定，未成年人的父母离婚后，不直接抚养未成年子女的一方应当依照协议、人民法院判决或者调解确定的时间和方式，在不影响未成年人学习、生活的情况下探望未成年子女，直接抚养的一方应当配合，但被人民法院依法中止探望权的除外。

5. √，解析：《未成年人保护法》第 28 条第 2 款规定，学校应当对尚未完成义务教育的辍学未成年学生进行登记并劝返复学；劝返无效的，应当及时向教育行政部门书面报告。
6. ×，解析：《未成年人保护法》第 33 条第 2 款规定，学校不得占用国家法定节假日、休息日及寒暑假期，组织义务教育阶段的未成年学生集体补课，加重其学习负担。

（二）单项选择题

1. A，解析：《未成年人保护法》第 2 条规定，本法所称未成年人是指未满 18 周岁的公民。
2. C，解析：《未成年人保护法》第 21 条第 2 款规定，未成年人的父母或者其他监护人不得使未满 16 周岁的未成年人脱离监护单独生活。
3. A，解析：《未成年人保护法》第 23 条第 1 款规定，未成年人的父母或者其他监护人应当及时将委托照护情况书面告知未成年人所在学校、幼儿园和实际居住地的居民委员会、村民委员会，加强和未成年人所在学校、幼儿园的沟通；与未成年人、被委托人至少每周联系和交流一次，了解未成年人的生活、学习、心理等情况，并给予未成年人亲情关爱。
4. A，解析：《未成年人保护法》第 61 条第 2 款规定，营业性娱乐场所、酒吧、互联网上网服务营业场所等不适宜未成年人活动的场所不得招用已满 16 周岁的未成年人。
5. A，解析：《未成年人保护法》第 70 条第 1 款规定，学校应当合理使用网络开展教学活动。未经学校允许，未成年学生不得将手机等智能终端产品带入课堂，带入学校的应当统一管理。

（三）多项选择题

1. ABCD，解析：《未成年人保护法》第 17 条规定，未成年人的父母或者其他监护人不得实施下列行为：（1）虐待、遗弃、非法送养未成年人或者对未成年人实施家庭暴力；（2）放任、教唆或者利用未成年人实施违法犯罪行为；（3）放任、唆使未成年人参与邪教、迷信活动或者接受恐怖主义、分裂主义、极端主义等侵害；（4）放任、唆使未成年人吸烟（含电子烟，下同）、饮酒、赌博、流浪乞讨或者欺凌他人；（5）放任或者迫使应当接受义务教育的未成年人失学、辍学；（6）放任未成年人沉迷网络，接触危害或者可能影响其身心健康的图书、报刊、电影、广播电视节目、音像制品、电子出版物和网络信息等；（7）放任未成年人进入营业性娱乐场所、酒吧、互联网上网服务营业场所等不适宜未成年人活动的场所；（8）允许或者迫使未成年人从事国家规定以外的劳动；（9）允许、迫使未成年人结婚或者为未成年人订立婚约；（10）违法处分、侵吞未成年人的财产或者利用未成年人牟取不正当利益；（11）其他侵犯未成年人身心健康、财产权益或者不依法履行未成年人保护义务的行为。

2. ABC，解析：《未成年人保护法》第 31 条规定，学校应当组织未成年学生参加与其年龄相适应的日常生活劳动、生产劳动和服务性劳动，帮助未成年学生掌握必要的劳动知识和技能，养成良好的劳动习惯。

3. ABCD，解析：《未成年人保护法》第 45 条规定，城市公共交通以及公路、铁路、水路、航空客运等应当按照有关规定对未成年人实施免费或者优惠票价。第 46 条规定，国家鼓励大型公共场所、公共交通工具、旅游景区景点等设置母婴室、婴儿护理台以及方便幼儿使用的坐便器、洗手台等卫生设施，为未成年人提供便利。第 52 条规定，禁止制作、复制、发布、传播或者持有有关未成年人的淫秽色情物品和网络信息。第 53 条规定，任何组织或者个人不得刊登、播放、张贴或者散发含有危害未成年人身心健康内容的广告；不得在学校、幼儿园播放、张贴或者散发商业广告；不得利用校服、教材等发布或者变相发布商业广告。

4. ABCD，解析：《未成年人保护法》第 63 条第 2 款规定，除下列情形外，任何组织或者个人不得开拆、查阅未成年人的信件、日记、电子邮件或者其他网络通讯内容：（1）无民事行为能力未成年人的父母或者其他监护人代未成年人开拆、查阅；（2）因国家安全或者追查刑事犯罪依法进行检查；（3）紧急情况下为了保护未成年人本人的人身安全。

5. ABCD，解析：《未成年人保护法》第 94 条规定，具有下列情形之一的，民政部门应当依法对未成年人进行长期监护：（1）查找不到未成年人的父母或者其他监护人；（2）监护人死亡或者被宣告死亡且无其他人可以担任监护人；（3）监护人丧失监护能力且无其他人可以担任监护人；（4）人民法院判决撤销监护人资格并指定由民政部门担任监护人；（5）法律规定的其他情形。

（四）填空题

1. 身心健康；合法权益；德智体美劳；有理想；有道德；有文化；有纪律。（《未成年人保护法》第 1 条）

2. 指导；支持；帮助；监督。（《未成年人保护法》第 7 条第 2 款）

3. 县级；县级；省级。（《未成年人保护法》第 9 条）

4. 统计；调查；分析。（《未成年人保护法》第 13 条）
5. 青春期教育；生命教育。（《未成年人保护法》第 30 条）
6. 性教育；性侵害；性骚扰。（《未成年人保护法》第 40 条第 2 款）

（五）简答题

1. 答：根据《未成年人保护法》第 16 条规定，未成年人的父母或者其他监护人应当履行下列监护职责：（1）为未成年人提供生活、健康、安全等方面的保障；（2）关注未成年人的生理、心理状况和情感需求；（3）教育和引导未成年人遵纪守法、勤俭节约，养成良好的思想品德和行为习惯；（4）对未成年人进行安全教育，提高未成年人的自我保护意识和能力；（5）尊重未成年人受教育的权利，保障适龄未成年人依法接受并完成义务教育；（6）保障未成年人休息、娱乐和体育锻炼的时间，引导未成年人进行有益身心健康的活动；（7）妥善管理和保护未成年人的财产；（8）依法代理未成年人实施民事法律行为；（9）预防和制止未成年人的不良行为和违法犯罪行为，并进行合理管教；（10）其他应当履行的监护职责。
2. 答：根据《未成年人保护法》第 39 条规定，学校应当建立学生欺凌防控工作制度，对教职员工、学生等开展防治学生欺凌的教育和培训。学校对学生欺凌行为应当立即制止，通知实施欺凌和被欺凌未成年学生的父母或者其他监护人参与欺凌行为的认定和处理；对相关未成年学生及时给予心理辅导、教育和引导；对相关未成年学生的父母或者其他监护人给予必要的家庭教育指导。对实施欺凌的未成年学生，学校应当根据欺凌行为的性质和程度，依法加强管教。对严重的欺凌行为，学校不得隐瞒，应当及时向公安机关、教育行政部门报告，并配合相关部门依法处理。
3. 答：根据《未成年人保护法》第 92 条规定，具有下列情形之一的，民政部门应当依法对未成年人进行临时监护：（1）未成年人流浪乞讨或者身份不明，暂时查找不到父母或者其他监护人；（2）监护人下落不明且无其他人可以担任监护人；（3）监护人因自身客观原因或者因发生自然灾害、事故灾难、公共卫生事件等突发事件不能履行监护职责，导致未成年人监护缺失；（4）监护人拒绝或者怠于履行监护职责，导致未成年人处于无人照料的状态；（5）监护人教唆、利用未成年人实施违法犯罪行为，未成年人需要被带离安置；（6）未成年人遭受监护人严重伤害或者面临人身安全威胁，需要被紧急安置；（7）法律规定的其他情形。

十七、妇女权益保障法

（一）判断题

1. 国家机关、社会团体、企业事业单位、城乡基层群众性自治组织，应当依照《妇女权益保障法》和有关法律的规定，保障妇女的权益。（　　）
2. 制定法律、法规、规章和公共政策，对涉及妇女权益的重大问题，应当听取妇女联合会的意见。（　　）
3. 居民委员会、村民委员会成员中，妇女应当有适当的名额。（　　）
4. 学校应当根据女性青少年的特点，在教育、管理、设施等方面采取措施，保障女性青少年身心健康发展。（　　）
5. 禁止对妇女实施性骚扰。受害妇女有权向单位和有关机关投诉。（　　）
6. 国家保护妇女的婚姻自主权。禁止干涉妇女的结婚、离婚自由。（　　）

（二）单项选择题

1. 关于妇女权益保障，下列说法错误的是：（　　）
   A. 国家保障妇女享有与男子平等的文化教育权利
   B. 各级妇女联合会及其团体会员，可以向国家机关、社会团体、企业事业单位推荐女干部
   C. 学校在录取学生时，可以以性别为由拒绝录取女性
   D. 学校应当执行国家有关规，保障妇女在入学、升学等方面享有与男子平等的权利
2. 禁止录用未满（　　）周岁的女性未成年人，国家另有规定的除外。
   A. 16　　　　B. 18
   C. 14　　　　D. 15
3. 关于妇女的劳动和社会保障权益，下列说法错误的是：（　　）
   A. 各单位在执行国家退休制度时，不得以性别为由歧视妇女
   B. 妇女在孕期、产期、哺乳期受特殊保护，但不包括经期

C. 国家推行生育保险制度，建立健全与生育相关的其他保障制度

D. 国家提倡和鼓励为帮助妇女开展的社会公益活动

（三）多项选择题

1. 国家鼓励妇女(　　)，运用法律维护自身合法权益。

A. 自尊　　B. 自信

C. 自立　　D. 自强

2. 关于妇女享有的政治权利，下列说正确的有：(　　)

A. 国家保障妇女享有与男子平等的政治权利

B. 妇女享有与男子平等的选举权和被选举权

C. 国家积极培养和选拔女干部

D. 国家重视培养和选拔少数民族女干部

3. 关于妇女的劳动和社会保障权益，下列说法正确的有：(　　)

A. 国家保障妇女享有与男子平等的劳动权利和社会保障权利

B. 实行男女同工同酬

C. 妇女在享受福利待遇方面享有与男子平等的权利

D. 妇女在经期、孕期、产期、哺乳期受特殊保护

4. 关于妇女的人身自由，下列说法正确的有：(　　)

A. 妇女的人身自由不受侵犯

B. 禁止非法拘禁和以其他非法手段剥夺妇女的人身自由

C. 禁止非法拘禁和以其他非法手段限制妇女的人身自由

D. 禁止非法搜查妇女的身体

5. 男方不得提出离婚的情形包括：(　　)

A. 女方终止妊娠后 8 个月内

B. 女方在怀孕期间

C. 女方分娩后 1 年内

D. 女方终止妊娠后 6 个月内

（四）填空题

1. 妇女在____、____、____、____和____等各方面享有同男子平等的权利。

2. 国务院制定____，并将其纳入国民经济和社会发展规划。
3. 妇女有权通过各种途径和形式，管理____，管理____，管理____。
4. 国家机关、社会团体和企业事业单位应当执行国家有关规定，保障妇女从事____、____、____、____和其他文化活动，享有与男子平等的权利。
5. 各单位在录用女职工时，应当依法与其签订____或者____，____或者____中不得规定限制女职工结婚、生育的内容。
6. 妇女的____、____、____、____等人格权受法律保护。

（五）简答题

简述妇女的财产权益。

参考答案

（一）判断题

1. √，解析：《妇女权益保障法》第 4 条第 1 款规定，保障妇女的合法权益是全社会的共同责任。国家机关、社会团体、企业事业单位、城乡基层群众性自治组织，应当依照本法和有关法律的规定，保障妇女的权益。
2. √，解析：《妇女权益保障法》第 10 条第 2 款规定，制定法律、法规、规章和公共政策，对涉及妇女权益的重大问题，应当听取妇女联合会的意见。
3. √，解析：《妇女权益保障法》第 11 条第 3 款规定，居民委员会、村民委员会成员中，妇女应当有适当的名额。
4. √，解析：《妇女权益保障法》第 17 条规定，学校应当根据女性青少年的特点，在教育、管理、设施等方面采取措施，保障女性青少年身心健康发展。
5. √，解析：《妇女权益保障法》第 40 条规定，禁止对妇女实施性骚扰。受害妇女有权向单位和有关机关投诉。
6. √，解析：《妇女权益保障法》第 44 条规定，国家保护妇女的婚姻自主权。禁止干涉妇女的结婚、离婚自由。

（二）单项选择题

1. C，解析：《妇女权益保障法》第 13 条第 2 款规定，各级妇女联合会及其团体会员，可以向国家机关、社会团体、企业事业单位推荐女干部。第 15 条规定，国家保障妇女享有与男子平等的文化教育权利。第 16 条规定，学校和有关部门应当执行国家有关规定，保障妇女在入学、升学、毕业分配、授予学位、派出留学等方面享有与男子平等的权利。学校在录取学生时，除特殊专业外，不得以性别为由拒绝录取女性或者提高对女性的录取标准。

2. A，解析：《妇女权益保障法》第 23 条第 3 款规定，禁止录用未满 16 周岁的女性未成年人，国家另有规定的除外。
3. B，解析：《妇女权益保障法》第 26 条第 2 款规定，妇女在经期、孕期、产期、哺乳期受特殊保护。第 27 条第 2 款规定，各单位在执行国家退休制度时，不得以性别为由歧视妇女。第 28 条第 2 款规定，国家提倡和鼓励为帮助妇女开展的社会公益活动。第 29 条第 1 款规定，国家推行生育保险制度，建立健全与生育相关的其他保障制度。

（三）多项选择题

1. ABCD，解析：《妇女权益保障法》第 5 条第 1 款规定，国家鼓励妇女自尊、自信、自立、自强，运用法律维护自身合法权益。妇女应当遵守国家法律，尊重社会公德，履行法律所规定的义务。
2. ABCD，解析：《妇女权益保障法》第 9 条规定，国家保障妇女享有与男子平等的政治权利。第 11 条第 1 款规定，妇女享有与男子平等的选举权和被选举权。第 12 条第 1 款规定，国家积极培养和选拔女干部。第 12 条第 3 款规定，国家重视培养和选拔少数民族女干部。
3. ABCD，解析：《妇女权益保障法》第 22 条规定，国家保障妇女享有与男子平等的劳动权利和社会保障权利。第 24 条规定，实行男女同工同酬。妇女在享受福利待遇方面享有与男子平等的权利。第 26 条第 2 款规定，妇女在经期、孕期、产期、哺乳期受特殊保护。
4. ABCD，解析：《妇女权益保障法》第 37 条规定，妇女的人身自由不受侵犯。禁止非法拘禁和以其他非法手段剥夺或者限制妇女的人身自由；禁止非法搜查妇女的身体。
5. BCD，解析：《妇女权益保障法》第 45 条规定，女方在怀孕期间、分娩后 1 年内或者终止妊娠后 6 个月内，男方不得提出离婚。女方提出离婚的，或者人民法院认为确有必要受理男方离婚请求的，不在此限。

（四）填空题

1. 政治的；经济的；文化的；社会的；家庭的生活。（《妇女权益保障法》第 2 条第 1 款）
2. 中国妇女发展纲要。（《妇女权益保障法》第 3 条第 1 款）

3. 国家事务；经济和文化事业；社会事务。(《妇女权益保障法》第 10 条第 1 款)
4. 科学；技术；文学；艺术。(《妇女权益保障法》第 21 条)
5. 劳动（聘用）合同；服务协议；劳动（聘用）合同；服务协议。(《妇女权益保障法》第 23 条第 2 款)
6. 名誉权；荣誉权；隐私权；肖像权。(《妇女权益保障法》第 42 条第 1 款)

（五）简答题

答：根据《妇女权益保障法》第 30 条至第 35 条规定，妇女的财产权益主要包括以下内容：(1) 国家保障妇女享有与男子平等的财产权利。(2) 在婚姻、家庭共有财产关系中，不得侵害妇女依法享有的权益。(3) 妇女在农村土地承包经营、集体经济组织收益分配、土地征收或者征用补偿费使用以及宅基地使用等方面，享有与男子平等的权利。(4) 任何组织和个人不得以妇女未婚、结婚、离婚、丧偶等为由，侵害妇女在农村集体经济组织中的各项权益。因结婚男方到女方住所落户的，男方和子女享有与所在地农村集体经济组织成员平等的权益。(5) 妇女享有的与男子平等的财产继承权受法律保护。在同一顺序法定继承人中，不得歧视妇女。丧偶妇女有权处分继承的财产，任何人不得干涉。(6) 丧偶妇女对公、婆尽了主要赡养义务的，作为公、婆的第一顺序法定继承人，其继承权不受子女代位继承的影响。

十八、老年人权益保障法

（一）判断题

1. 全社会应当广泛开展敬老、养老、助老宣传教育活动，树立尊重、关心、帮助老年人的社会风尚。（　　）
2. 老年人应当遵纪守法，可选择性履行法律规定的义务。（　　）
3. 老年人养老以居家为基础，家庭成员应当尊重、关心和照料老年人。（　　）
4. 赡养人有义务耕种或者委托他人耕种老年人承包的田地，照管或者委托他人照管老年人的林木和牲畜等，收益归赡养人所有。（　　）
5. 赡养人可以通过放弃继承权拒绝履行赡养义务。（　　）
6. 赡养人、扶养人不履行赡养、扶养义务的，基层群众性自治组织、老年人组织或者赡养人、扶养人所在单位应当督促其履行。（　　）
7. 对生活长期不能自理、经济困难的老年人，地方各级人民政府应当根据其失能程度等情况给予护理补贴。（　　）
8. 博物馆、美术馆、科技馆、纪念馆、公共图书馆、文化馆、影剧院、体育场馆、公园、旅游景点等场所，应当对老年人免费或者优惠开放。（　　）

（二）单项选择题

1.《老年人权益保障法》所称的老年人是指（　　）周岁以上的公民。

A. 60　　B. 55

C. 65　　D. 70

2. 每年的农历（　　）为老年节。

A. 八月初八　　B. 八月初九

C. 九月初九　　D. 九月初八

3. 关于老年人的婚姻，下列说法错误的是：（　　）

A. 老年人的婚姻自由受法律保护

B. 子女或者其他亲属不得干涉老年人婚后的生活

C. 子女或者其他亲属不得干涉老年人离婚、再婚

D. 赡养人的赡养义务因老年人的婚姻关系变化而消除

4. 国家鼓励地方建立(　　)周岁以上低收入老年人高龄津贴制度。

A. 65　　B. 80

C. 75　　D. 70

5. 可以与老年人签订遗赠扶养协议或者其他扶助协议的对象不包括:(　　)

A. 集体经济组织、养老机构

B. 基层群众性自治组织

C. 个人

D. 人民法院

6. 关于养老机构，下列说法错误的是:(　　)

A. 设立公益性养老机构，应当依法办理相应的登记

B. 设立经营性养老机构，应当依法办理相应的登记

C. 设立经营性养老机构，应当在市场监督管理部门办理登记

D. 养老机构登记后即可开展服务活动，并向县级以上人民政府民政部门备案

(三) 多项选择题

1. 关于老年人的权利，下列说法正确的有:(　　)

A. 有从国家和社会获得物质帮助的权利

B. 有享受社会服务的权利

C. 有享受社会优待的权利

D. 有参与社会发展和共享发展成果的权利

2. 关于老年人权益保障，下列说法正确的有:(　　)

A. 保障老年人合法权益是全社会的共同责任

B. 国家机关、社会团体、企业事业单位和其他组织应当按照各自职责，做好老年人权益保障工作

C. 提倡、鼓励义务为老年人服务

D. 基层群众性自治组织和依法设立的老年人组织应当反映老年人的要求，维护老年人合法权益，为老年人服务

3. 关于赡养人，下列说法正确的有：（　　）

A. 赡养人是指老年人的子女以及其他依法负有赡养义务的人

B. 赡养人的配偶可以不协助赡养人履行赡养义务

C. 赡养人应当使患病的老年人及时得到治疗和护理

D. 赡养人应当妥善安排老年人的住房，不得强迫老年人居住或者迁居条件低劣的房屋

4. 关于老年人的住房，下列说法正确的有：（　　）

A. 老年人承租的住房，子女或者其他亲属不得侵占，不得擅自改变租赁关系

B. 老年人自有的住房，子女或者其他亲属不得侵占，不得擅自改变产权关系

C. 老年人自有的住房，赡养人有维修的义务

D. 赡养人应当妥善安排老年人的住房，不得强迫老年人居住或者迁居条件低劣的房屋

5. 关于老年人的财产，下列说法正确的有：（　　）

A. 老年人对个人的财产，依法享有占有、使用、收益和处分的权利

B. 老年人有依法继承父母、配偶、子女或者其他亲属遗产的权

C. 老年人有接受赠与的权利

D. 老年人以遗嘱处分财产，应当依法为老年配偶保留必要的份额

6. 关于老年人的社会保障，下列说法正确的有：（　　）

A. 国家通过基本养老保险制度，保障老年人的基本生活

B. 国家逐步开展长期护理保障工作，保障老年人的护理需求

C. 国家对经济困难的老年人给予基本生活、医疗、居住或者其他救助

D. 国家建立和完善计划生育家庭老年人扶助制度

7. 关于老年人参与社会发展，下列说法正确的有：（　　）

A. 老年人参加劳动的合法收入受法律保护

B. 任何单位和个人不得安排老年人从事危害其身心健康的劳动或者危险作业

C. 老年人有继续受教育的权利

D. 国家发展老年教育，把老年教育纳入终身教育体系，鼓励社会办好各类老年学校

（四）填空题

1. 国家和社会应当采取措施，健全保障老年人权益的各项制度，逐步改善保障老年人生活、健康、安全以及参与社会发展的条件，实现____、____、____、____、____。
2. 国家建立和完善以____为基础、____为依托、____为支撑的社会养老服务体系。
3. 青少年组织、学校和幼儿园应当对青少年和儿童进行____、____、____的道德教育和维护老年人合法权益的法制教育。
4. 赡养人应当履行对老年人____、____和____的义务，照顾老年人的特殊需要。
5. 经老年人同意，赡养人之间可以就履行赡养义务____。____的内容不得违反法律的规定和老年人的____。
6. 老年人依法享有的养老金、医疗待遇和其他待遇应当得到保障，有关机构必须____支付，不得____、____或者____。

（五）简答题

1. 简述老年人监护人制度。
2. 简述国家鼓励老年人在自愿和量力的情况下从事的活动。

参考答案

（一）判断题

1. √，解析：《老年人权益保障法》第 8 条第 2 款规定，全社会应当广泛开展敬老、养老、助老宣传教育活动，树立尊重、关心、帮助老年人的社会风尚。
2. ×，解析：《老年人权益保障法》第 11 条规定，老年人应当遵纪守法，履行法律规定的义务。

3. √，解析：《老年人权益保障法》第 13 条规定，老年人养老以居家为基础，家庭成员应当尊重、关心和照料老年人。
4. ×，解析：《老年人权益保障法》第 17 条规定，赡养人有义务耕种或者委托他人耕种老年人承包的田地，照管或者委托他人照管老年人的林木和牲畜等，收益归老年人所有。
5. ×，解析：《老年人权益保障法》第 19 条第 1 款规定，赡养人不得以放弃继承权或者其他理由，拒绝履行赡养义务。
6. √，解析：《老年人权益保障法》第 24 条规定，赡养人、扶养人不履行赡养、扶养义务的，基层群众性自治组织、老年人组织或者赡养人、扶养人所在单位应当督促其履行。
7. √，解析：《老年人权益保障法》第 30 条第 2 款规定，对生活长期不能自理、经济困难的老年人，地方各级人民政府应当根据其失能程度等情况给予护理补贴。
8. √，解析：《老年人权益保障法》第 59 条规定，博物馆、美术馆、科技馆、纪念馆、公共图书馆、文化馆、影剧院、体育场馆、公园、旅游景点等场所，应当对老年人免费或者优惠开放。

（二）单项选择题

1. A，解析：《老年人权益保障法》第 2 条规定，本法所称老年人是指 60 周岁以上的公民。
2. C，解析：《老年人权益保障法》第 12 条规定，每年农历九月初九为老年节。
3. D，解析：《老年人权益保障法》第 21 条规定，老年人的婚姻自由受法律保护。子女或者其他亲属不得干涉老年人离婚、再婚及婚后的生活。赡养人的赡养义务不因老年人的婚姻关系变化而消除。
4. B，解析：《老年人权益保障法》第 33 条第 2 款规定，国家鼓励地方建立 80 周岁以上低收入老年人高龄津贴制度。
5. D，解析：《老年人权益保障法》第 36 条规定，老年人可以与集体经济组织、基层群众性自治组织、养老机构等组织或者个人签订遗赠扶养协议或者其他扶助协议。负有扶养义务的组织或者个人按照遗赠扶养协议，承担该老年人生养死葬的义务，享有受遗赠的权利。
6. B，解析：《老年人权益保障法》第 43 条规定，设立公益性养老机构，应当依法办理相应的登记。设立经营性养老机构，应当在市场监督管理部门办理登记。养老机构登记后即可开展服务活动，并向县级以上人民政府民政部门备案。

（三）多项选择题

1. ABCD，解析：《老年人权益保障法》第 3 条第 2 款规定，老年人有从国家和社会获得物质帮助的权利，有享受社会服务和社会优待的权利，有参与社会发展和共享发展成果的权利。
2. ABCD，解析：《老年人权益保障法》第 7 条规定，保障老年人合法权益是全社会的共同责任。国家机关、社会团体、企业事业单位和其他组织应当按照各自职责，做好老年人权益保障工作。基层群众性自治组织和依法设立的老年人组织应当反映老年人的要求，维护老年人合法权益，为老年人服务。提倡、鼓励义务为老年人服务。
3. ACD，解析：《老年人权益保障法》第 14 条第 2、3 款规定，赡养人是指老年人的子女以及其他依法负有赡养义务的人。赡养人的配偶应当协助赡养人履行赡养义务。第 15 条第 1 款规定，赡养人应当使患病的老年人及时得到治疗和护理；对经济困难的老年人，应当提供医疗费用。第 16 条第 1 款规定，赡养人应当妥善安排老年人的住房，不得强迫老年人居住或者迁居条件低劣的房屋。
4. ABCD，解析：《老年人权益保障法》第 16 条规定，赡养人应当妥善安排老年人的住房，不得强迫老年人居住或者迁居条件低劣的房屋。老年人自有的或者承租的住房，子女或者其他亲属不得侵占，不得擅自改变产权关系或者租赁关系。老年人自有的住房，赡养人有维修的义务。
5. ABCD，解析：《老年人权益保障法》第 22 条规定，老年人对个人的财产，依法享有占有、使用、收益和处分的权利，子女或者其他亲属不得干涉，不得以窃取、骗取、强行索取等方式侵犯老年人的财产权益。老年人有依法继承父母、配偶、子女或者其他亲属遗产的权利，有接受赠与的权利。子女或者其他亲属不得侵占、抢夺、转移、隐匿或者损毁应当由老年人继承或者接受赠与的财产。老年人以遗嘱处分财产，应当依法为老年配偶保留必要的份额。
6. ABCD，解析：《老年人权益保障法》第 28 条规定，国家通过基本养老保险制度，保障老年人的基本生活。第 30 条第 1 款规定，国家逐步开展长期护理保障工作，保障老年人的护理需求。第 31 条第 1 款规定，国家对经济困难的老年人给予基本生活、医疗、居住或者其他救助。第 33 条第 3 款规定，国家建立和完善计划生育家庭老年人扶助制度。
7. ABCD，解析：《老年人权益保障法》第 70 条规定，老年人参加劳动的合法收入受法律保护。任何单位和个人不得安排老年人从事危害其身心健康的劳动或者危险作业。第71条规定，老年人有继续受教育的权利。国家发展老年教育，把老年教育纳入终身教育体系，鼓励社会办好各类老年学校。各级人民政府对老年教育应当加强领导，统一规划，加大投入。

（四）填空题

1. 老有所养；老有所医；老有所为；老有所学；老有所乐。（《老年人权益保障法》第4条第2款）
2. 居家；社区；机构。（《老年人权益保障法》第5条第2款）
3. 敬老；养老；助老。（《老年人权益保障法》第8条第3款）
4. 经济上供养；生活上照料；精神上慰藉。（《老年人权益保障法》第14条第1款）
5. 签订协议；赡养协议；意愿。（《老年人权益保障法》第20条第1款）
6. 按时足额；克扣；拖欠；挪用。（《老年人权益保障法》第34条第1款）

（五）简答题

1. 答：根据《老年人权益保障法》第26条规定，具备完全民事行为能力的老年人，可以在近亲属或者其他与自己关系密切、愿意承担监护责任的个人、组织中协商确定自己的监护人。监护人在老年人丧失或者部分丧失民事行为能力时，依法承担监护责任。老年人未事先确定监护人的，其丧失或者部分丧失民事行为能力时，依照有关法律的规定确定监护人。
2. 答：根据《老年人权益保障法》第69条规定，国家为老年人参与社会发展创造条件。根据社会需要和可能，鼓励老年人在自愿和量力的情况下，从事下列活动：（1）对青少年和儿童进行社会主义、爱国主义、集体主义和艰苦奋斗等优良传统教育；（2）传授文化和科技知识；（3）提供咨询服务；（4）依法参与科技开发和应用；（5）依法从事经营和生产活动；（6）参加志愿服务、兴办社会公益事业；（7）参与维护社会治安、协助调解民间纠纷；（8）参加其他社会活动。

十九、反家庭暴力法

（一）判断题

1. 家庭暴力，是指家庭成员之间以殴打、捆绑、残害、限制人身自由以及经常性谩骂、恐吓等方式实施的身体、精神等侵害行为。（　　）
2. 反家庭暴力工作应当尊重受害人真实意愿，但无需保护当事人隐私。（　　）
3. 人民调解组织应当依法调解家庭纠纷，预防和减少家庭暴力的发生。（　　）
4. 用人单位发现本单位人员有家庭暴力情况的，应当给予批评教育，并做好家庭矛盾的调解、化解工作。（　　）
5. 居民委员会应当对收到告诫书的加害人、受害人进行查访，监督加害人不再实施家庭暴力。（　　）
6. 人民法院依法作出人身安全保护令的，复议期间停止人身安全保护令的执行。（　　）
7. 家庭成员以外共同生活的人之间实施的暴力行为，参照《反家庭暴力法》规定执行。（　　）

（二）单项选择题

1. 关于家庭暴力，下列说法错误的是：（　　）
   A. 反家庭暴力是国家、社会和每个家庭的共同责任
   B. 国家禁止任何形式的家庭暴力
   C. 各级人民政府应当对反家庭暴力工作给予必要的经费保障
   D. 反家庭暴力工作遵循教育为主原则
2. 公安机关出具的告诫书的内容不包括：（　　）
   A. 受害人的身份信息
   B. 加害人的身份信息

C. 家庭暴力的事实陈述

D. 禁止加害人实施家庭暴力

3. 人民法院应当依法对家庭暴力受害人(　　)诉讼费用。

A. 免收
B. 减收
C. 缓收、减收或者免收
D. 减收或缓收

4. 关于人身安全保护令，下列说法错误的是：(　　)

A. 人身安全保护令案件只能由申请人或者被申请人居住地的基层人民法院管辖

B. 申请人身安全保护令应当以书面方式提出

C. 人身安全保护令案件由申请人或者被申请人居住地、家庭暴力发生地的基层人民法院管辖

D. 书面申请确有困难的，可以口头申请，由人民法院记入笔录

5. 人身安全保护令由人民法院以(　　)形式作出。

A. 判决
B. 裁定
C. 命令
D. 指示

6. 人民法院受理人身保护令申请后，应当在____小时内作出人身安全保护令或者驳回申请；情况紧急的，应当在____小时内作出。关于横线处填写的内容，下列说法正确的是：(　　)

A. 48；24
B. 72；12
C. 72；24
D. 24；12

7. 人身安全保护令的有效期不超过(　　)个月，自作出之日起生效。

A. 8
B. 3
C. 2
D. 6

8. 申请人对驳回申请不服或者被申请人对人身安全保护令不服的，可以自裁定生效之日起(　　)日内向作出裁定的人民法院申请复议一次。

A. 10
B. 5
C. 7
D. 15

(三) 多项选择题

1. 下列哪些人员遭受家庭暴力时应当给予特殊保护？(　　)

A. 未成年人、老年人 B. 残疾人

C. 孕期和哺乳期的妇女 D. 重病患者

2. 关于家庭暴力的预防，下列说法正确的有：(　　)

A. 广播、电视、报刊、网络等应当开展家庭美德和反家庭暴力宣传

B. 学校、幼儿园应当开展家庭美德和反家庭暴力教育

C. 医疗机构应当做好家庭暴力受害人的诊疗记录

D. 街道办事处应当组织开展家庭暴力预防工作，居民委员会应当予以配合协助

3. 关于家庭暴力的处置，下列说法正确的有：(　　)

A. 有关单位接到家庭暴力投诉、反映或者求助后，应当给予帮助、处理

B. 家庭暴力受害人及其法定代理人、近亲属也可以向公安机关报案或者依法向人民法院起诉

C. 单位、个人发现正在发生的家庭暴力行为，有权及时劝阻

D. 居民委员会、社会工作服务机构及其工作人员在工作中发现无民事行为能力人、限制民事行为能力人遭受或者疑似遭受家庭暴力的，应当及时向公安机关报案

4. 当事人是无民事行为能力人、限制民事行为能力人，或者因受到强制、威吓等原因无法申请人身安全保护令的，下列哪些人员可以代为申请？(　　)

A. 近亲属 B. 公安机关、妇女联合会

C. 居民委员会 D. 村民委员会、救助管理机构

5. 人身安全保护令失效前，人民法院可以根据申请人的申请(　　)。

A. 中断 B. 撤销

C. 变更 D. 延长

6. 当被申请人违反人身安全保护令时，下列哪些说法是正确的？(　　)

A. 构成犯罪的，依法追究刑事责任

B. 尚不构成犯罪的，人民法院应当给予训诫，可以根据情节轻重处以15日以下拘留

C. 尚不构成犯罪的，人民法院应当给予训诫，可以根据情节轻重处以500元以下罚款

D. 尚不构成犯罪的，人民法院应当给予训诫，可以根据情节轻重处以1000元以下罚款

（四）填空题

1. 家庭成员之间应当____，____，____，____。
2. 反家庭暴力工作遵循____为主，____、____与____相结合原则。
3. 人民调解组织应当依法调解家庭纠纷，____和____家庭暴力的发生。
4. 无民事行为能力人、限制民事行为能力人因家庭暴力身体受到严重伤害、面临人身安全威胁或者处于无人照料等危险状态的，公安机关应当通知并协助民政部门将其安置到____、____或者____。
5. 人民法院审理涉及家庭暴力的案件，可以根据____、____、____等证据，认定家庭暴力事实。
6. 当事人因遭受家庭暴力或者面临家庭暴力的现实危险，向人民法院申请____的，人民法院应当受理。

（五）简答题

简述作出人身安全保护令的条件及人身安全保护令可以包括的措施。

参考答案

（一）判断题

1. √，解析：《反家庭暴力法》第2条规定，本法所称家庭暴力，是指家庭成员之间以殴打、捆绑、残害、限制人身自由以及经常性谩骂、恐吓等方式实施的身体、精神等侵害行为。
2. ×，解析：《反家庭暴力法》第5条第2款规定，反家庭暴力工作应当尊重受害人真实意愿，保护当事人隐私。
3. √，解析：《反家庭暴力法》第10条规定，人民调解组织应当依法调解家庭纠纷，预防和减少家庭暴力的发生。
4. √，解析：《反家庭暴力法》第11条规定，用人单位发现本单位人员有家庭暴力情况的，应当给予批评教育，并做好家庭矛盾的调解、化解工作。
5. √，解析：《反家庭暴力法》第17条第2款规定，居民委员会、村民委员会、

公安派出所应当对收到告诫书的加害人、受害人进行查访，监督加害人不再实施家庭暴力。

6. ×，解析：《反家庭暴力法》第 31 条规定，人民法院依法作出人身安全保护令的，复议期间不停止人身安全保护令的执行。
7. √，解析：《反家庭暴力法》第 37 条规定，家庭成员以外共同生活的人之间实施的暴力行为，参照本法规定执行。

（二）单项选择题

1. D，解析：《反家庭暴力法》第 3 条第 2、3 款规定，反家庭暴力是国家、社会和每个家庭的共同责任。国家禁止任何形式的家庭暴力。第 4 条第 3 款规定，各级人民政府应当对反家庭暴力工作给予必要的经费保障。第 5 条规定，反家庭暴力工作遵循预防为主，教育、矫治与惩处相结合原则。
2. A，解析：《反家庭暴力法》第 16 条第 2 款规定，告诫书应当包括加害人的身份信息、家庭暴力的事实陈述、禁止加害人实施家庭暴力等内容。
3. C，解析：《反家庭暴力法》第 19 条第 2 款规定，人民法院应当依法对家庭暴力受害人缓收、减收或者免收诉讼费用。
4. A，解析：《反家庭暴力法》第 24 条规定，申请人身安全保护令应当以书面方式提出；书面申请确有困难的，可以口头申请，由人民法院记入笔录。第 25 条规定，人身安全保护令案件由申请人或者被申请人居住地、家庭暴力发生地的基层人民法院管辖。
5. B，解析：《反家庭暴力法》第 26 条规定，人身安全保护令由人民法院以裁定形式作出。
6. C，解析：《反家庭暴力法》第 28 条规定，人民法院受理申请后，应当在 72 小时内作出人身安全保护令或者驳回申请；情况紧急的，应当在 24 小时内作出。
7. D，解析：《反家庭暴力法》第 30 条规定，人身安全保护令的有效期不超过 6 个月，自作出之日起生效。
8. B，解析：《反家庭暴力法》第 31 条规定，申请人对驳回申请不服或者被申请人对人身安全保护令不服的，可以自裁定生效之日起 5 日内向作出裁定的人民法院申请复议一次。人民法院依法作出人身安全保护令的，复议期间不停止人身安全保护令的执行。

（三）多项选择题

1. ABCD，解析：《反家庭暴力法》第 5 条第 3 款规定，未成年人、老年人、残疾人、孕期和哺乳期的妇女、重病患者遭受家庭暴力的，应当给予特殊保护。

2. ABCD，解析：《反家庭暴力法》第6条第3、4款规定，广播、电视、报刊、网络等应当开展家庭美德和反家庭暴力宣传。学校、幼儿园应当开展家庭美德和反家庭暴力教育。第7条第2款，医疗机构应当做好家庭暴力受害人的诊疗记录。第8条规定，乡镇人民政府、街道办事处应当组织开展家庭暴力预防工作，居民委员会、村民委员会、社会工作服务机构应当予以配合协助。
3. ABCD，解析：《反家庭暴力法》第13条规定，家庭暴力受害人及其法定代理人、近亲属可以向加害人或者受害人所在单位、居民委员会、村民委员会、妇女联合会等单位投诉、反映或者求助。有关单位接到家庭暴力投诉、反映或者求助后，应当给予帮助、处理。家庭暴力受害人及其法定代理人、近亲属也可以向公安机关报案或者依法向人民法院起诉。单位、个人发现正在发生的家庭暴力行为，有权及时劝阻。第14条规定，学校、幼儿园、医疗机构、居民委员会、村民委员会、社会工作服务机构、救助管理机构、福利机构及其工作人员在工作中发现无民事行为能力人、限制民事行为能力人遭受或者疑似遭受家庭暴力的，应当及时向公安机关报案。公安机关应当对报案人的信息予以保密。
4. ABCD，解析：《反家庭暴力法》第23条第2款规定，当事人是无民事行为能力人、限制民事行为能力人，或者因受到强制、威吓等原因无法申请人身安全保护令的，其近亲属、公安机关、妇女联合会、居民委员会、村民委员会、救助管理机构可以代为申请。
5. BCD，解析：《反家庭暴力法》第30条规定，人身安全保护令的有效期不超过6个月，自作出之日起生效。人身安全保护令失效前，人民法院可以根据申请人的申请撤销、变更或者延长。
6. ABD，解析：《反家庭暴力法》第34条规定，被申请人违反人身安全保护令，构成犯罪的，依法追究刑事责任；尚不构成犯罪的，人民法院应当给予训诫，可以根据情节轻重处以1000元以下罚款、15日以下拘留。

（四）填空题

1. 互相帮助；互相关爱；和睦相处；履行家庭义务。（《反家庭暴力法》第3条第1款）
2. 预防；教育；矫治；惩处。（《反家庭暴力法》第5条第1款）
3. 预防；减少。（《反家庭暴力法》第10条）

4. 临时庇护场所；救助管理机构；福利机构。（《反家庭暴力法》第15条第2款）
5. 公安机关出警记录；告诫书；伤情鉴定意见。（《反家庭暴力法》第20条）
6. 人身安全保护令。（《反家庭暴力法》第23条第1款）

（五）简答题

答：根据《反家庭暴力法》第27条规定，作出人身安全保护令，应当具备下列条件：（1）有明确的被申请人；（2）有具体的请求；（3）有遭受家庭暴力或者面临家庭暴力现实危险的情形。

根据《反家庭暴力法》第29条规定，人身安全保护令可以包括下列措施：（1）禁止被申请人实施家庭暴力；（2）禁止被申请人骚扰、跟踪、接触申请人及其相关近亲属；（3）责令被申请人迁出申请人住所；（4）保护申请人人身安全的其他措施。

二十、兵役法

（一）判断题

1. 中华人民共和国实行义务兵与志愿兵相结合、民兵与预备役相结合的兵役制度。（　　）
2. 中华人民共和国公民，不分民族、种族、职业、家庭出身、宗教信仰和教育程度，都有义务依照《兵役法》的规定服兵役。（　　）
3. 预备役人员必须按照规定参加军事训练、执行军事勤务，随时准备参军参战，保卫祖国。（　　）
4. 国家实行兵役登记制度。每年 12 月 31 日以前年满 18 周岁的男性公民，都应当在当年 6 月 30 日以前，按照县、自治县、市、市辖区的兵役机关的安排，进行兵役登记。经兵役登记并初步审查合格的，称应征公民。（　　）
5. 士兵退出现役的时间为部队宣布退出现役命令之日。（　　）
6. 预备役军官在服预备役期间，应当参加 1 个月至 3 个月的军事训练；预编到现役部队和在预备役部队任职的，参加军事训练的时间可以适当延长。（　　）

（二）单项选择题

1. 每年 12 月 31 日以前年满（　　）周岁的男性公民，应当被征集服现役。

A. 18　　B. 16
C. 19　　D. 20

2. 符合征集服兵役条件的公民，当年未被征集的，在 22 周岁以前仍可以被征集服现役，普通高等学校毕业生的征集年龄可以放宽至（　　）周岁。

A. 23　　B. 24
C. 25　　D. 26

3. 下列哪一选项中的应征公民不属于不得征集的对象？（　　）

A. 正在被依法侦查、起诉 、审判

B. 被判处拘役、管制正在服刑

C. 被判处徒刑正在服刑

D. 是维持家庭生活唯一劳动力

4. 义务兵服现役的期限为(　　)年。

A. 1　　B. 2

C. 3　　D. 5

5. 退出现役的士兵，由部队确定服预备役的，自退出现役之日起(　　)日内，到安置地的县、自治县、市、市辖区的兵役机关办理预备役登记。

A. 60　　B. 30

C. 40　　D. 50

（三）多项选择题

1. 关于兵役和现役军人，下列说法正确的有：(　　)

A. 兵役分为现役和预备役

B. 在中国人民解放军服现役的称现役军人

C. 现役军人必须遵守宪法和法律，履行公民的义务，同时享有公民的权利

D. 现役军人必须遵守军队的条令和条例，忠于职守，随时为保卫祖国而战斗

2. 现役军人和预备役人员建立功勋的，得授予(　　)。

A. 勋章　　B. 奖章

C. 荣誉称号　　D. 奖励

3. 关于义务兵役制士兵（义务兵）和志愿兵役制士兵（士官），下列说法正确的有：(　　)

A. 义务兵服现役期满，根据军队需要和本人自愿，经团级以上单位批准，可以改为士官

B. 根据军队需要，可以直接从非军事部门具有专业技能的公民中招收士官

C. 士官服现役的期限一般不超过20年，年龄不超过50周岁

D. 士官实行分级服现役制度

4. 现役军官由下列哪些人员补充？（　　）

A. 选拔优秀士兵和普通高中毕业生入军队院校学习毕业的学员

B. 选拔普通高等学校毕业的国防生和其他应届优秀毕业生

C. 直接提升具有普通高等学校本科以上学历表现优秀的士兵

D. 改任现役军官的文职干部、招收军队以外的专业技术人员和其他人员

5. 预备役军官包括：（　　）

A. 退出现役转入预备役的军官、确定服军官预备役的退出现役的士兵

B. 确定服军官预备役的非军事部门的干部和专业技术人员

C. 确定服军官预备役的普通高等学校毕业学生

D. 确定服军官预备役的专职人民武装干部和民兵干部

6. 关于民兵组织，下列说法正确的有：（　　）

A. 乡、民族乡、镇、街道和企业事业单位建立民兵组织

B. 根据需要，可以吸收18周岁以上的女性公民参加民兵组织

C. 民兵组织分为基干民兵组织和普通民兵组织

D. 根据需要，可以吸收35周岁以上的男性公民参加民兵组织

7. 应征公民拒绝、逃避征集，由县级人民政府责令限期改正，拒不改正的法律后果有：（　　）

A. 2年内不得升学

B. 不得录用为公务员

C. 不得录用为参照公务员法管理的工作人员

D. 两年内不得出国（境）

（四）填空题

1. 有____或者____不适合服兵役的人，____兵役。

2. 依照法律____的人，不得服兵役。

3. 中国人民解放军实行____。

4. 根据军队需要和本人自愿，可以征集当年12月31日以前年满____周岁未满____周岁的公民服现役。

5. 士兵预备役的年龄，为____周岁至____周岁，根据需要可以适当延长。

具体办法由国务院、中央军事委员会规定。

6. ____是不脱产的群众武装组织，是中国人民解放军的助手和后备力量。

7. 现役军人牺牲、病故，由国家发给其遗属____；其遗属无固定收入，不能维持生活，或者符合国家规定的其他条件的，由国家另行发给____。

（五）简答题

1. 简述士兵预备役的分类。

2. 简述民兵的任务。

参考答案

（一）判断题

1. √，解析：《兵役法》第2条规定，中华人民共和国实行义务兵与志愿兵相结合、民兵与预备役相结合的兵役制度。

2. √，解析：《兵役法》第3条第1款规定，中华人民共和国公民，不分民族、种族、职业、家庭出身、宗教信仰和教育程度，都有义务依照本法的规定服兵役。

3. √，解析：《兵役法》第7条第2款规定，预备役人员必须按照规定参加军事训练、执行军事勤务，随时准备参军参战，保卫祖国。

4. √，解析：《兵役法》第13条规定，国家实行兵役登记制度。每年12月31日以前年满18周岁的男性公民，都应当在当年6月30日以前，按照县、自治县、市、市辖区的兵役机关的安排，进行兵役登记。经兵役登记并初步审查合格的，称应征公民。

5. √，解析：《兵役法》第21条第2款规定，士兵退出现役的时间为部队宣布退出现役命令之日。

6. ×，解析：《兵役法》第42条规定，预备役军官在服预备役期间，应当参加3个月至6个月的军事训练；预编到现役部队和在预备役部队任职的，参加军事训练的时间可以适当延长。

（二）单项选择题

1. A，解析：《兵役法》第12条第1款规定，每年12月31日以前年满18周岁的男性公民，应当被征集服现役。

2. B，解析：《兵役法》第12条第1款规定，每年12月31日以前年满18周岁的男性公民，应当被征集服现役。当年未被征集的，在22周岁以前仍可以被征集服现役，普通高等学校毕业生的征集年龄可以放宽至24周岁。
3. C，解析：《兵役法》第16条规定，应征公民是维持家庭生活唯一劳动力的，可以缓征。第17条规定，应征公民正在被依法侦查、起诉、审判的或者被判处徒刑、拘役、管制正在服刑的，不征集。
4. B，解析：《兵役法》第19条规定，义务兵服现役的期限为2年。
5. C，解析：《兵役法》第22条第2款规定，退出现役的士兵，由部队确定服预备役的，自退出现役之日起40日内，到安置地的县、自治县、市、市辖区的兵役机关办理预备役登记。

（三）多项选择题

1. ABCD，解析：《兵役法》第5条规定，兵役分为现役和预备役。在中国人民解放军服现役的称现役军人；经过登记，预编到现役部队、编入预备役部队、编入民兵组织服预备役的或者以其他形式服预备役的，称预备役人员。第6条规定，现役军人和预备役人员，必须遵守宪法和法律，履行公民的义务，同时享有公民的权利；由于服兵役而产生的权利和义务，由本法和其他相关法律法规规定。第7条第1款规定，现役军人必须遵守军队的条令和条例，忠于职守，随时为保卫祖国而战斗。
2. ABC，解析：《兵役法》第8条规定，现役军人和预备役人员建立功勋的，得授予勋章、奖章或者荣誉称号。
3. ABD，解析：《兵役法》第20条规定，义务兵服现役期满，根据军队需要和本人自愿，经团级以上单位批准，可以改为士官。根据军队需要，可以直接从非军事部门具有专业技能的公民中招收士官。士官实行分级服现役制度。士官服现役的期限一般不超过30年，年龄不超过55周岁。士官分级服现役的办法和直接从非军事部门招收士官的办法，由国务院、中央军事委员会规定。
4. ABCD，解析：《兵役法》第26条规定，现役军官由下列人员补充：（1）选拔优秀士兵和普通高中毕业生入军队院校学习毕业的学员；（2）选拔普通高等学校毕业的国防生和其他应届优秀毕业生；（3）直接提升具有普通高等学校本科以上学历表现优秀的士兵；（4）改任现役军官的文职干部；（5）招收军队以外的专业技术人员和其他人员。战时根据需要，可以从士兵、征召的预备役军官和非军事部门的人员中直接任命军官。

5. ABCD，解析：《兵役法》第27条规定，预备役军官包括下列人员：（1）退出现役转入预备役的军官；（2）确定服军官预备役的退出现役的士兵；（3）确定服军官预备役的普通高等学校毕业学生；（4）确定服军官预备役的专职人民武装干部和民兵干部；（5）确定服军官预备役的非军事部门的干部和专业技术人员。
6. ABCD，解析：《兵役法》第39条规定，乡、民族乡、镇、街道和企业事业单位建立民兵组织。凡18周岁至35周岁符合服兵役条件的男性公民，经所在地人民政府兵役机关确定编入民兵组织的，应当参加民兵组织。根据需要，可以吸收18周岁以上的女性公民、35周岁以上的男性公民参加民兵组织。国家发布动员令后，动员范围内的民兵，不得脱离民兵组织；未经所在地的县、自治县、市、市辖区人民政府兵役机关批准，不得离开民兵组织所在地。第40条规定，民兵组织分为基干民兵组织和普通民兵组织。
7. ABCD，解析：《兵役法》第66条第1、2款规定，有服兵役义务的公民有下列行为之一的，由县级人民政府责令限期改正；逾期不改的，由县级人民政府强制其履行兵役义务，并可以处以罚款：（1）拒绝、逃避兵役登记和体格检查的；（2）应征公民拒绝、逃避征集的；（3）预备役人员拒绝、逃避参加军事训练、执行军事勤务和征召的。有前款第2项行为，拒不改正的，不得录用为公务员或者参照公务员法管理的工作人员，两年内不得出国（境）或者升学。

（四）填空题

1. 严重生理缺陷；严重残疾；免服。（《兵役法》第3条第2款）
2. 被剥夺政治权利。（《兵役法》第3条第3款）
3. 军衔制度。（《兵役法》第9条）
4. 17；18。（《兵役法》第12条第3款）
5. 18；35。（《兵役法》第24条）
6. 民兵。（《兵役法》第38条第1款）
7. 一次性抚恤金；定期抚恤金。（《兵役法》第59条）

（五）简答题

1. 答：根据《兵役法》第25条，士兵预备役分为第一类和第二类。第一类士兵预备役包括下列人员：（1）预编到现役部队的预备役士兵；（2）编入预备役部队的预备役士兵；（3）经过预备役登记编入基干民兵组织的人员。第二类士兵预备役包括下列人员：（1）经过预备役登记编入普通民兵组织的人员；

（2）其他经过预备役登记确定服士兵预备役的人员。预备役士兵达到服预备役最高年龄的，退出预备役。

2. 答：根据《兵役法》第 38 条规定，民兵是不脱产的群众武装组织，是中国人民解放军的助手和后备力量。民兵的任务是：（1）参加社会主义现代化建设；（2）执行战备勤务，参加防卫作战，抵抗侵略，保卫祖国；（3）为现役部队补充兵员；（4）协助维护社会秩序，参加抢险救灾。

二十一、退役军人保障法

（一）判断题

1. 退役军人，是指从中国人民解放军依法退出现役的军官、军士和义务兵等人员。（　　）
2. 对退役的军官，国家采取退休、转业、逐月领取退役金、复员等方式妥善安置。（　　）
3. 国有企业接收安置转业军官、安排工作的军士和义务兵的，应当按照国家规定与其签订劳动合同，保障相应待遇。（　　）
4. 符合条件的军官和军士退出现役时，其配偶和子女可以按照国家有关规定随调随迁。（　　）
5. 退役军人服现役年限计算为工龄，退役后与所在单位工作年限累计计算。（　　）

（二）单项选择题

1. 关于退役军士的安置，下列说法错误的是：（　　）
   A. 以供养方式安置的，由国家供养终身
   B. 以复员方式安置的，按照国家有关规定领取复员费
   C. 服现役不满规定年限，以自主就业方式安置的，领取一次性退役金
   D. 服现役满规定年限，以逐月领取退役金方式安置的，按照国家有关规定逐月领取退役金
2. 关于退役的义务兵的安置，下列说法错误的是：（　　）
   A. 以安排工作方式安置的，由安置地人民政府根据其服现役期间所做贡献、专长等安排工作岗位
   B. 以自主就业方式安置的，领取一次性退役金
   C. 以供养方式安置的，由国家供养终身
   D. 以退休方式安置的，由安置地人民政府按照国家保障与社会化服务相

结合的方式，做好服务管理工作，保障其待遇

3. 各地应当设置一定数量的基层公务员职位，面向服现役满(　　)年的高校毕业生退役军人招考。

A. 5　　B. 2

C. 6　　D. 1

4. 关于退役军人，下列说法错误的是：(　　)

A. 退役军人凭退役军人优待证等有效证件享受公共交通优待

B. 各类社会福利机构应当优先接收老年退役军人和残疾退役军人

C. 退役军人符合安置住房优待条件的，由军地集中统建

D. 残疾退役军人依法享受抚恤

(三) 多项选择题

1. 关于退役军人保障，下列说法正确的有：(　　)

A. 退役军人保障应当与经济发展相协调，与社会进步相适应

B. 退役军人安置工作应当公开、公平、公正

C. 退役军人的政治、生活等待遇与其服现役期间所做贡献挂钩

D. 国家建立参战退役军人特别优待机制

2. 对退役的军士，国家采取(　　)等方式妥善安置。

A. 逐月领取退役金　　B. 自主就业

C. 安排工作　　D. 退休、供养

3. 优先安置的退役军人有：(　　)

A. 参战退役军人

B. 担任作战部队师、旅、团、营级单位主官的转业军官

C. 属于烈士子女、功臣模范的退役军人

D. 长期在艰苦边远地区或者特殊岗位服现役的退役军人

4. 下列哪些退役军人的随迁子女需要优先保障？(　　)

A. 参战退役军人

B. 属于烈士子女、功臣模范的退役军人

C. 长期在艰苦边远地区或者特殊岗位服现役的退役军人

D. 担任作战部队师、旅、团、营级单位主官的转业军官

（四）填空题

1. 退役军人应当在规定时间内，持军队出具的____到____人民政府____报到。
2. 以复员方式安置的，按照国家有关规定领取____。
3. 国家采取____、____、____相结合的方式，鼓励和扶持退役军人就业创业。
4. 退役军人依法参加____、____、____、____、____等社会保险，并享受相应待遇。

参考答案

（一）判断题

1. √，解析：《退役军人保障法》第2条规定，本法所称退役军人，是指从中国人民解放军依法退出现役的军官、军士和义务兵等人员。
2. √，解析：《退役军人保障法》第21条第1款规定，对退役的军官，国家采取退休、转业、逐月领取退役金、复员等方式妥善安置。
3. √，解析：《退役军人保障法》第26条第2款规定，国有企业接收安置转业军官、安排工作的军士和义务兵的，应当按照国家规定与其签订劳动合同，保障相应待遇。
4. √，解析：《退役军人保障法》第29条第2款规定，符合条件的军官和军士退出现役时，其配偶和子女可以按照国家有关规定随调随迁。
5. √，解析：《退役军人保障法》第44条规定，退役军人服现役年限计算为工龄，退役后与所在单位工作年限累计计算。

（二）单项选择题

1. B，解析：《退役军人保障法》第22条规定，对退役的军士，国家采取逐月领取退役金、自主就业、安排工作、退休、供养等方式妥善安置。服现役满规定年限，以逐月领取退役金方式安置的，按照国家有关规定逐月领取退役金。服现役不满规定年限，以自主就业方式安置的，领取一次性退役金。以安排工作方式安置的，由安置地人民政府根据其服现役期间所做贡献、专长等安排工作岗位。以退休方式安置的，由安置地人民政府按照国家保障与社会化服务相结合的方式，做好服务管理工作，保障其待遇。以供养方式安置的，由国家供养终身。

2. D，解析：《退役军人保障法》第 23 条规定，对退役的义务兵，国家采取自主就业、安排工作、供养等方式妥善安置。以自主就业方式安置的，领取一次性退役金。以安排工作方式安置的，由安置地人民政府根据其服现役期间所做贡献、专长等安排工作岗位。以供养方式安置的，由国家供养终身。
3. A，解析：《退役军人保障法》第 43 条第 1 款规定，各地应当设置一定数量的基层公务员职位，面向服现役满 5 年的高校毕业生退役军人招考。
4. C，解析：《退役军人保障法》第 51 条规定，退役军人符合安置住房优待条件的，实行市场购买与军地集中统建相结合，由安置地人民政府统筹规划、科学实施。第 53 条规定，退役军人凭退役军人优待证等有效证件享受公共交通、文化和旅游等优待，具体办法由省级人民政府制定。第 54 条第 2 款规定，各类社会福利机构应当优先接收老年退役军人和残疾退役军人。第 56 条第 1 款规定，残疾退役军人依法享受抚恤。

（三）多项选择题

1. ABCD，解析：《退役军人保障法》第 5 条规定，退役军人保障应当与经济发展相协调，与社会进步相适应。退役军人安置工作应当公开、公平、公正。退役军人的政治、生活等待遇与其服现役期间所做贡献挂钩。国家建立参战退役军人特别优待机制。
2. ABCD，解析：《退役军人保障法》第 22 条第 1 款规定，对退役的军士，国家采取逐月领取退役金、自主就业、安排工作、退休、供养等方式妥善安置。
3. ABCD，解析：《退役军人保障法》第 25 条规定，转业军官、安排工作的军士和义务兵，由机关、群团组织、事业单位和国有企业接收安置。对下列退役军人，优先安置：（1）参战退役军人；（2）担任作战部队师、旅、团、营级单位主官的转业军官；（3）属于烈士子女、功臣模范的退役军人；（4）长期在艰苦边远地区或者特殊岗位服现役的退役军人。
4. ABC，解析：《退役军人保障法》第 29 条第 4 款规定，随迁子女需要转学、入学的，安置地人民政府教育行政部门应当予以及时办理。对下列退役军人的随迁子女，优先保障：（1）参战退役军人；（2）属于烈士子女、功臣模范的退役军人；（3）长期在艰苦边远地区或者特殊岗位服现役的退役军人；（4）其他符合条件的退役军人。

（四）填空题

1. 退役证明；安置地；退役军人工作主管部门。（《退役军人保障法》第 14 条）
2. 复员费。（《退役军人保障法》第 21 条第 5 款）
3. 政府推动；市场引导；社会支持。（《退役军人保障法》第 38 条）
4. 养老；医疗；工伤；失业；生育。（《退役军人保障法》第 50 条第 1 款）

二十二、退役士兵安置条例

（一）判断题

1. 退役士兵安置所需经费，由中央和地方各级人民政府共同负担。（　　）
2. 易地安置的退役士兵无法享受与安置地退役士兵一样的安置待遇。（　　）
3. 自主就业的退役士兵根据服现役年限领取一次性退役金。服现役年限不满6个月的按照6个月计算，超过6个月不满1年的按照1年计算。（　　）
4. 多次获得荣誉称号或者立功的退役士兵，由部队按照其中最高等级奖励的增发比例，增发一次性退役金。（　　）
5. 被评定为1级至4级残疾等级的义务兵和初级士官退出现役的，由国家供养终身。（　　）

（二）单项选择题

1. 关于我国的退役士兵安置制度，下列说法正确的是：（　　）
   A. 只能自主就业或退休
   B. 以自主就业为主，扶持就业为辅
   C. 以安排工作、供养方式为主
   D. 以扶持就业为主，自主就业、安排工作、退休、供养等多种方式相结合
2. 自主就业的退役士兵应当自被批准退出现役之日起（　　）日内，持退出现役证件、介绍信到安置地县级人民政府退役士兵安置工作主管部门报到。
   A. 30　　B. 20
   C. 60　　D. 90
3. 退役士兵无正当理由不按照规定时间报到超过（　　）天的，视为放弃安置待遇。

A. 60　　B. 35

C. 30　　D. 15

4. 义务兵和服现役不满(　　)年的士官退出现役的，由人民政府扶持自主就业。

A. 15　　B. 10

C. 6　　D. 12

5. 安置地人民政府应当在接收退役士兵的(　　)内，完成本年度安排退役士兵工作的任务。

A. 3 个月　　B. 6 个月

C. 30 日　　D. 15 日

6. 非因退役士兵本人原因，接收单位未按照规定安排退役士兵上岗的，应当从所在地人民政府退役士兵安置工作主管部门开出介绍信的当月起，按照不低于本单位同等条件人员平均工资(　　)的标准逐月发给退役士兵生活费至其上岗为止。

A. 90%　　B. 80%

C. 60%　　D. 40%

(三) 多项选择题

1. 关于退役士兵安置，下列说法正确的有：(　　)

A. 国家机关、社会团体、企业事业单位，都有接收安置退役士兵的义务

B. 企业事业单位在招收录用工作人员或者聘用职工时，同等条件下应当优先招收录用退役士兵

C. 退役士兵报考公务员、应聘事业单位职位的，在军队服现役经历视为基层工作经历

D. 接收安置退役士兵的单位，按照国家规定享受优惠政策

2. 根据退役士兵本人的申请，可以由省级以上人民政府退役士兵安置工作主管部门按照有利于退役士兵生活的原则确定其安置地的情形有：(　　)

A. 因战致残

B. 服现役期间平时荣获二等功以上奖励或者战时荣获三等功以上奖励

C. 是烈士子女

D. 父母双亡

3. 关于退役士兵自主就业，下列说法正确的是：(　　)

A. 由部队发给一次性退役金

B. 地方人民政府可以根据当地实际情况给予经济补助

C. 一次性退役金和一次性经济补助需按照国家规定征收个人所得税

D. 各级人民政府应当加强对退役士兵自主就业的指导和服务

4. 关于对获得荣誉称号或者立功的退役士兵增发一次性退役金的比例，下列说法正确的有：(　　)

A. 荣获二等功的，增发15%

B. 荣获二等功的，增发10%

C. 荣获三等功的，增发5%

D. 获得中央军事委员会、军队军区级单位授予荣誉称号，或者荣获一等功的，增发15%

5. 关于为退役士兵安排工作，下列说法正确的有：(　　)

A. 接收退役士兵的单位裁减人员的，应当优先留用退役士兵

B. 由人民政府安排工作的退役士兵，服现役年限和符合本条例规定的待安排工作时间计算为工龄，享受所在单位同等条件人员的工资、福利待遇

C. 退役士兵待安排工作期间，安置地人民政府应当按照不低于当地最低生活水平的标准，按月发给生活补助费

D. 合同存续期内单位依法关闭、破产、改制的，退役士兵与所在单位其他人员一同执行国家的有关规定

6. 对中级以上士官作退休安置的条件有：(　　)

A. 年满55周岁

B. 服现役满30年

C. 因战、因公致残被评定为1级至6级残疾等级

D. 经军队医院证明和军级以上单位卫生部门审核确认因病基本丧失工作能力

（四）填空题

1. 全社会应当____、____退役士兵，支持退役士兵安置工作。
2. 退役士兵安置地为退役士兵____的户口所在地。但是，____是普通高等学校在校学生的退役士兵，退出现役后不复学的，其安置地为____的户口所在地。
3. 安排工作的退役士兵应当在规定的时间内，持____、____和____到规定的安置地人民政府退役士兵安置工作主管部门报到。
4. 各级人民政府举办的公共就业人才服务机构，应当____为退役士兵提供档案管理、职业介绍和职业指导服务。
5. 承担安排退役士兵工作任务的单位应当按时完成所在地人民政府下达的安排退役士兵工作任务，在退役士兵安置工作主管部门开出介绍信____内安排退役士兵上岗，并与退役士兵依法签订期限不少于____的劳动合同或者聘用合同。
6. 国家供养分为____和____。

（五）简答题

1. 简述可以异地安置退伍士兵的情形。
2. 简述可以由人民政府安排工作的退役士兵的条件。

参考答案

（一）判断题

1. √，解析：《退役士兵安置条例》第 3 条第 2 款规定，退役士兵安置所需经费，由中央和地方各级人民政府共同负担。
2. ×，解析：《退役士兵安置条例》第 11 条第 2 款规定，易地安置的退役士兵享受与安置地退役士兵同等安置待遇。
3. √，解析：《退役士兵安置条例》第 20 条第 2 款规定，自主就业的退役士兵根据服现役年限领取一次性退役金。服现役年限不满 6 个月的按照 6 个月计算，超过 6 个月不满 1 年的按照 1 年计算。

4. √，解析：《退役士兵安置条例》第20条第4款规定，多次获得荣誉称号或者立功的退役士兵，由部队按照其中最高等级奖励的增发比例，增发一次性退役金。
5. √，解析：《退役士兵安置条例》第42条第1款规定，被评定为1级至4级残疾等级的义务兵和初级士官退出现役的，由国家供养终身。

（二）单项选择题

1. D，解析：《退役士兵安置条例》第3条第1款规定，国家建立以扶持就业为主，自主就业、安排工作、退休、供养等多种方式相结合的退役士兵安置制度，妥善安置退役士兵。
2. A，解析：《退役士兵安置条例》第13条第1款规定，自主就业的退役士兵应当自被批准退出现役之日起30日内，持退出现役证件、介绍信到安置地县级人民政府退役士兵安置工作主管部门报到。
3. C，解析：《退役士兵安置条例》第17条规定，退役士兵无正当理由不按照规定时间报到超过30天的，视为放弃安置待遇。
4. D，解析：《退役士兵安置条例》第18条规定，义务兵和服现役不满12年的士官退出现役的，由人民政府扶持自主就业。
5. B，解析：《退役士兵安置条例》第35条第1款规定，安置地人民政府应当在接收退役士兵的6个月内，完成本年度安排退役士兵工作的任务。
6. B，解析：《退役士兵安置条例》第38条规定，非因退役士兵本人原因，接收单位未按照规定安排退役士兵上岗的，应当从所在地人民政府退役士兵安置工作主管部门开出介绍信的当月起，按照不低于本单位同等条件人员平均工资80%的标准逐月发给退役士兵生活费至其上岗为止。

（三）多项选择题

1. ABCD，解析：《退役士兵安置条例》第4条第2款规定，国家机关、社会团体、企业事业单位，都有接收安置退役士兵的义务，在招收录用工作人员或者聘用职工时，同等条件下应当优先招收录用退役士兵。退役士兵报考公务员、应聘事业单位职位的，在军队服现役经历视为基层工作经历。接收安置退役士兵的单位，按照国家规定享受优惠政策。
2. ABCD，解析：《退役士兵安置条例》第12条规定，退役士兵有下列情形之一的，根据本人申请，可以由省级以上人民政府退役士兵安置工作主管部门按照有利于退役士兵生活的原则确定其安置地：（1）因战致残的；（2）服现役期间平时荣获二等功以上奖励或者战时荣获三等功以上奖励的；（3）是烈士子女的；（4）父母双亡的。

3. ABD，解析：《退役士兵安置条例》第 19 条规定，对自主就业的退役士兵，由部队发给一次性退役金，一次性退役金由中央财政专项安排；地方人民政府可以根据当地实际情况给予经济补助，经济补助标准及发放办法由省、自治区、直辖市人民政府规定。一次性退役金和一次性经济补助按照国家规定免征个人所得税。各级人民政府应当加强对退役士兵自主就业的指导和服务。县级以上地方人民政府应当采取组织职业介绍、就业推荐、专场招聘会等方式，扶持退役士兵自主就业。
4. BCD，解析：《退役士兵安置条例》第 20 条第 3 款规定，获得荣誉称号或者立功的退役士兵，由部队按照下列比例增发一次性退役金：（1）获得中央军事委员会、军队军区级单位授予荣誉称号，或者荣获一等功的，增发 15%；（2）荣获二等功的，增发 10%；（3）荣获三等功的，增发 5%。
5. ABCD，解析：《退役士兵安置条例》第 35 条第 2 规定，退役士兵待安排工作期间，安置地人民政府应当按照不低于当地最低生活水平的标准，按月发给生活补助费。第 36 条第 2、3 款规定，合同存续期内单位依法关闭、破产、改制的，退役士兵与所在单位其他人员一同执行国家的有关规定。接收退役士兵的单位裁减人员的，应当优先留用退役士兵。第 37 条规定，由人民政府安排工作的退役士兵，服现役年限和符合本条例规定的待安排工作时间计算为工龄，享受所在单位同等条件人员的工资、福利待遇。
6. ABCD，解析：《退役士兵安置条例》第 41 条第 1 款规定，中级以上士官符合下列条件之一的，作退休安置：（1）年满 55 周岁的；（2）服现役满 30 年的；（3）因战、因公致残被评定为 1 级至 6 级残疾等级的；（4）经军队医院证明和军级以上单位卫生部门审核确认因病基本丧失工作能力的。

（四）填空题

1. 尊重；优待。（《退役士兵安置条例》第 4 条第 1 款）
2. 入伍时；入伍时；入学前。（《退役士兵安置条例》第 10 条）
3. 接收安置通知书；退出现役证件；介绍信。（《退役士兵安置条例》第 13 条第 2 款）
4. 免费。（《退役士兵安置条例》第 22 条第 1 款）
5. 1 个月；3 年。（《退役士兵安置条例》第 36 条第 1 款）
6. 集中供养；分散供养。（《退役士兵安置条例》第 42 条第 3 款）

（五）简答题

1. 答：根据《退役士兵安置条例》第11条第1款规定，退役士兵有下列情形之一的，可以易地安置：（1）服现役期间父母户口所在地变更的，可以在父母现户口所在地安置；（2）符合军队有关现役士兵结婚规定且结婚满2年的，可以在配偶或者配偶父母户口所在地安置；（3）因其他特殊情况，由部队师（旅）级单位出具证明，经省级以上人民政府退役士兵安置工作主管部门批准易地安置的。
2. 答：根据《退役士兵安置条例》第29条第1、2款规定，退役士兵符合下列条件之一的，由人民政府安排工作：（1）士官服现役满12年的；（2）服现役期间平时荣获二等功以上奖励或者战时荣获三等功以上奖励的；（3）因战致残被评定为5级至8级残疾等级的；（4）是烈士子女的。符合前款规定条件的退役士兵在艰苦地区和特殊岗位服现役的，优先安排工作；因精神障碍基本丧失工作能力的，予以妥善安置。

二十三、传染病防治法

（一）判断题

1. 黑热病属于乙类传染病。（　　）
2. 国务院卫生行政部门根据传染病暴发、流行情况和危害程度，可以决定增加、减少或者调整乙类、丙类传染病病种并予以公布。（　　）
3. 各级人民政府应当加强艾滋病的防治工作，采取预防、控制措施，防止艾滋病的传播。（　　）
4. 任何单位和个人发现疑似传染病病人时，无需向附近的疾病预防控制机构或者医疗机构报告。（　　）
5. 医疗机构对本单位内被传染病病原体污染的场所、物品以及医疗废物，必须依照法律、法规的规定实施消毒和无害化处置。（　　）
6. 疫区封锁的解除，由原决定机关决定并宣布。（　　）
7. 为了查找传染病病因，医疗机构在必要时可以按照国务院卫生行政部门的规定，对传染病病人尸体或者疑似传染病病人尸体进行解剖查验，无需告知死者家属。（　　）

（二）单项选择题

1. 下列不属于丙类传染病的是：（　　）

   A. 麻风病　　B. 新生儿破伤风

   C. 流行性感冒　　D. 流行性腮腺炎

2. 关于传染病防治，下列说法错误的是：（　　）

   A. 国家开展预防传染病的健康教育

   B. 各级各类学校应当对学生进行健康知识和传染病预防知识的教育

   C. 居民委员会、村民委员会应当组织居民、村民参与社区、农村的传染病预防与控制活动

   D. 新闻媒体可以有偿开展传染病防治和公共卫生教育的宣传

3. 对可能导致甲类传染病传播的以及国务院卫生行政部门规定的菌种、毒种和传染病检测样本，确需采集、保藏、携带、运输和使用的，须经（　　）卫生行政部门批准。

A. 国务院或省级以上人民政府

B. 国务院

C. 省级以上人民政府

D. 县级以上人民政府

4. 关于我国的传染病防治制度，下列说法错误的是：（　　）

A. 国家建立传染病疫情信息保密制度

B. 国家实行有计划的预防接种制度

C. 国家对儿童实行预防接种证制度

D. 国家建立传染病监测制度

5. 病人拒绝隔离治疗或者隔离期未满擅自脱离隔离治疗的，可以由（　　）协助医疗机构采取强制隔离治疗措施。

A. 医疗机构所在地人民政府

B. 公安机关

C. 社区矫正机构

D. 人民法院

6. 传染病暴发、流行时，关于县级以上地方人民政府的权力的说法错误的是：（　　）

A. 有权在本行政区域内紧急调集人员

B. 有权在本行政区域内紧急调用储备物资

C. 有权在本行政区域内无偿征用房屋

D. 有权在本行政区域内临时征用房屋、交通工具以及相关设施、设备

（三）多项选择题

1.《传染病防治法》规定的传染病分为哪几类？（　　）

A. 甲类　　B. 乙类

C. 丙类　　D. 丁类

2.《传染病防治法》规定的甲类传染病包括：（　　）

A. 艾滋病　　B. 鼠疫

C. 狂犬病　　D. 霍乱

3. 下列属于乙类传染病的有：(　　)

A. 猩红热　　B. 病毒性肝炎、脊髓灰质炎

C. 登革热、炭疽　　D. 梅毒

4. 各级疾病预防控制机构在传染病预防控制中履行的职责包括：(　　)

A. 实施传染病预防控制规划、计划和方案

B. 收集、分析和报告传染病监测信息，预测传染病的发生、流行趋势

C. 开展对传染病疫情和突发公共卫生事件的流行病学调查、现场处理及其效果评价

D. 开展传染病实验室检测、诊断、病原学鉴定

5. 传染病预防、控制预案的主要内容包括：(　　)

A. 传染病预防控制指挥部的组成和相关部门的职责

B. 传染病的监测、信息收集、分析、报告、通报制度

C. 疾病预防控制机构、医疗机构在发生传染病疫情时的任务与职责

D. 开展健康教育、咨询，普及传染病防治知识

6. 传染病暴发、流行时，必要时，县级以上地方人民政府报经上一级人民政府决定，可以采取的紧急措施有：(　　)

A. 限制或者停止集市、影剧院演出或者其他人群聚集的活动

B. 停工、停业、停课

C. 控制或者扑杀染疫野生动物、家畜家禽

D. 封闭可能造成传染病扩散的场所

7. 关于患传染病死亡的尸体，下列说法正确的有：(　　)

A. 患甲类传染病死亡的，应当将尸体立即进行卫生处理，就近火化

B. 患其他传染病死亡的，必要时，应当将尸体进行卫生处理后火化或者按照规定深埋

C. 患炭疽死亡的，应当将尸体按照规定深埋

D. 患炭疽死亡的，应当将尸体立即进行卫生处理，就近火化

8. 关于传染病，下列说法正确的有：(　　)

A. 病原携带者，是指感染病原体无临床症状但能排出病原体的人

B. 疫点，是指病原体从传染源向周围播散的范围较小或者单个疫源地

C. 疫区，是指传染病在人群中暴发、流行，其病原体向周围播散时所能波及的地区

D. 菌种、毒种，是指可能引起本法规定的传染病发生的细菌菌种、病毒毒种

（四）填空题

1. 对因参与传染病防治工作致病、致残、死亡的人员，按照有关规定给予____、____。
2. 与人畜共患传染病有关的野生动物、家畜家禽，经____后，方可出售、运输。
3. 国家建立传染病____、____库。
4. 疾病预防控制机构应当主动____、____、____、____传染病疫情信息。
5. 公布传染病疫情信息应当____、____。
6. 甲类、乙类传染病暴发、流行时，县级以上地方人民政府报经上一级人民政府决定，可以宣布本行政区域部分或者全部为____。
7. 发生甲类传染病时，为了防止该传染病通过交通工具及其乘运的人员、物资传播，可以实施____。
8. 紧急调集人员的，应当按照规定给予____。临时征用房屋、交通工具以及相关设施、设备的，应当依法给予____；能返还的，应当____。
9. ____：指在医学服务中，因病原体传播引起的感染；____：指用化学、物理、生物的方法杀灭或者消除环境中的病原微生物。

（五）简答题

简述医疗机构发现甲类传染病时应当及时采取的措施。

参考答案

（一）判断题

1. ×，解析：《传染病防治法》第 3 条第 4 款规定，丙类传染病是指：流行性感

冒、流行性腮腺炎、风疹、急性出血性结膜炎、麻风病、流行性和地方性斑疹伤寒、黑热病、包虫病、丝虫病，除霍乱、细菌性和阿米巴性痢疾、伤寒和副伤寒以外的感染性腹泻病。

2. √，解析：《传染病防治法》第 3 条第 5 款规定，国务院卫生行政部门根据传染病暴发、流行情况和危害程度，可以决定增加、减少或者调整乙类、丙类传染病病种并予以公布。

3. √，解析：《传染病防治法》第 24 条规定，各级人民政府应当加强艾滋病的防治工作，采取预防、控制措施，防止艾滋病的传播。具体办法由国务院制定。

4. ×，解析：《传染病防治法》第 31 条规定，任何单位和个人发现传染病病人或者疑似传染病病人时，应当及时向附近的疾病预防控制机构或者医疗机构报告。

5. √，解析：《传染病防治法》第 39 条第 4 款规定，医疗机构对本单位内被传染病病原体污染的场所、物品以及医疗废物，必须依照法律、法规的规定实施消毒和无害化处置。

6. √，解析：《传染病防治法》第 43 条第 3 款规定，疫区封锁的解除，由原决定机关决定并宣布。

7. ×，解析：《传染病防治法》第 46 条第 2 款规定，为了查找传染病病因，医疗机构在必要时可以按照国务院卫生行政部门的规定，对传染病病人尸体或者疑似传染病病人尸体进行解剖查验，并应当告知死者家属。

（二）单项选择题

1. B，解析：《传染病防治法》第 3 条第 4 款规定，丙类传染病是指：流行性感冒、流行性腮腺炎、风疹、急性出血性结膜炎、麻风病、流行性和地方性斑疹伤寒、黑热病、包虫病、丝虫病，除霍乱、细菌性和阿米巴性痢疾、伤寒和副伤寒以外的感染性腹泻病。

2. D，解析：《传染病防治法》第 9 条第 2 款规定，居民委员会、村民委员会应当组织居民、村民参与社区、农村的传染病预防与控制活动。第 10 条规定，国家开展预防传染病的健康教育。新闻媒体应当无偿开展传染病防治和公共卫生教育的公益宣传。各级各类学校应当对学生进行健康知识和传染病预防知识的教育。医学院校应当加强预防医学教育和科学研究，对在校学生以及其他与传染病防治相关人员进行预防医学教育和培训，为传染病防治工作提供技术支持。疾病预防控制机构、医疗机构应当定期对其工作人员进行传染病防治知识、技能的培训。

3. C，解析：《传染病防治法》第26条第3款规定，对可能导致甲类传染病传播的以及国务院卫生行政部门规定的菌种、毒种和传染病检测样本，确需采集、保藏、携带、运输和使用的，须经省级以上人民政府卫生行政部门批准。

4. A，解析：《传染病防治法》第15条规定，国家实行有计划的预防接种制度。国务院卫生行政部门和省、自治区、直辖市人民政府卫生行政部门，根据传染病预防、控制的需要，制定传染病预防接种规划并组织实施。用于预防接种的疫苗必须符合国家质量标准。国家对儿童实行预防接种证制度。国家免疫规划项目的预防接种实行免费。医疗机构、疾病预防控制机构与儿童的监护人应当相互配合，保证儿童及时接受预防接种。具体办法由国务院制定。第17条第1款规定，国家建立传染病监测制度。第38条第1款规定，国家建立传染病疫情信息公布制度。

5. B，解析：《传染病防治法》第39条第2款规定，拒绝隔离治疗或者隔离期未满擅自脱离隔离治疗的，可以由公安机关协助医疗机构采取强制隔离治疗措施。

6. C，解析：《传染病防治法》第45条规定，传染病暴发、流行时，根据传染病疫情控制的需要，国务院有权在全国范围或者跨省、自治区、直辖市范围内，县级以上地方人民政府有权在本行政区域内紧急调集人员或者调用储备物资，临时征用房屋、交通工具以及相关设施、设备。紧急调集人员的，应当按照规定给予合理报酬。临时征用房屋、交通工具以及相关设施、设备的，应当依法给予补偿；能返还的，应当及时返还。

（三）多项选择题

1. ABC，解析：《传染病防治法》第3条第1款规定，本法规定的传染病分为甲类、乙类和丙类。

2. BD，解析：《传染病防治法》第3条第2款规定，甲类传染病是指：鼠疫、霍乱。

3. ABCD，解析：《传染病防治法》第3条第3款规定，乙类传染病是指：传染性非典型肺炎、艾滋病、病毒性肝炎、脊髓灰质炎、人感染高致病性禽流感、麻疹、流行性出血热、狂犬病、流行性乙型脑炎、登革热、炭疽、细菌性和阿米巴性痢疾、肺结核、伤寒和副伤寒、流行性脑脊髓膜炎、百日咳、白喉、新生儿破伤风、猩红热、布鲁氏菌病、淋病、梅毒、钩端螺旋体病、血吸虫病、疟疾。

4. ABCD，解析：《传染病防治法》第 18 条第 1 款规定，各级疾病预防控制机构在传染病预防控制中履行下列职责：（1）实施传染病预防控制规划、计划和方案；（2）收集、分析和报告传染病监测信息，预测传染病的发生、流行趋势；（3）开展对传染病疫情和突发公共卫生事件的流行病学调查、现场处理及其效果评价；（4）开展传染病实验室检测、诊断、病原学鉴定；（5）实施免疫规划，负责预防性生物制品的使用管理；……

5. ABC，解析：《传染病防治法》第 20 条第 2 款规定，传染病预防、控制预案应当包括以下主要内容：（1）传染病预防控制指挥部的组成和相关部门的职责；（2）传染病的监测、信息收集、分析、报告、通报制度；（3）疾病预防控制机构、医疗机构在发生传染病疫情时的任务与职责；（4）传染病暴发、流行情况的分级以及相应的应急工作方案；（5）传染病预防、疫点疫区现场控制，应急设施、设备、救治药品和医疗器械以及其他物资和技术的储备与调用。

6. ABCD，解析：《传染病防治法》第 42 条第 1 款规定，传染病暴发、流行时，县级以上地方人民政府应当立即组织力量，按照预防、控制预案进行防治，切断传染病的传播途径，必要时，报经上一级人民政府决定，可以采取下列紧急措施并予以公告：（1）限制或者停止集市、影剧院演出或者其他人群聚集的活动；（2）停工、停业、停课；（3）封闭或者封存被传染病病原体污染的公共饮用水源、食品以及相关物品；（4）控制或者扑杀染疫野生动物、家畜家禽；（5）封闭可能造成传染病扩散的场所。

7. ABD，解析：《传染病防治法》第 46 条第 1 款规定，患甲类传染病、炭疽死亡的，应当将尸体立即进行卫生处理，就近火化。患其他传染病死亡的，必要时，应当将尸体进行卫生处理后火化或者按照规定深埋。

8. ABCD，解析：《传染病防治法》第 78 条第 2 项规定，病原携带者：指感染病原体无临床症状但能排出病原体的人。第 4 项规定，疫点：指病原体从传染源向周围播散的范围较小或者单个疫源地。第 5 项规定，疫区：指传染病在人群中暴发、流行，其病原体向周围播散时所能波及的地区。第 12 项规定，菌种、毒种：指可能引起本法规定的传染病发生的细菌菌种、病毒毒种。

（四）填空题

1. 补助；抚恤。（《传染病防治法》第 11 条第 2 款）
2. 检疫合格。（《传染病防治法》第 25 条第 2 款）

3. 菌种；毒种。(《传染病防治法》第 26 条第 1 款)
4. 收集；分析；调查；核实。(《传染病防治法》第 33 条第 1 款)
5. 及时；准确。(《传染病防治法》第 38 条第 4 款)
6. 疫区。(《传染病防治法》第 43 条第 1 款)
7. 交通卫生检疫。(《传染病防治法》第 44 条)
8. 合理报酬；补偿；及时返还。(《传染病防治法》第 45 条第 2 款)
9. 医源性感染；消毒。(《传染病防治法》第 78 条第 9 项、第 13 项)

(五) 简答题

答：根据《传染病防治法》第 39 条第 1 款规定，医疗机构发现甲类传染病时，应当及时采取下列措施：(1) 对病人、病原携带者，予以隔离治疗，隔离期限根据医学检查结果确定；(2) 对疑似病人，确诊前在指定场所单独隔离治疗；(3) 对医疗机构内的病人、病原携带者、疑似病人的密切接触者，在指定场所进行医学观察和采取其他必要的预防措施。

二十四、突发事件应对法

（一）判断题

1. 突发事件，是指突然发生，造成或者可能造成严重社会危害，需要采取应急处置措施予以应对的自然灾害、事故灾难、公共卫生事件和社会安全事件。（　　）
2. 县级以上人民政府应当建立健全突发事件应急管理培训制度，对人民政府及其有关部门负有处置突发事件职责的工作人员定期进行培训。（　　）
3. 新闻媒体可有偿开展突发事件预防与应急、自救与互救知识的宣传。（　　）
4. 有关单位和人员报送、报告突发事件信息，应当做到及时、客观、真实，不得迟报、谎报、瞒报、漏报。（　　）

（二）单项选择题

1. 突发事件应对工作的原则是：（　　）
   A. 应急为主
   B. 预防为主、预防与应急相结合
   C. 预防为主
   D. 预防或应急为主
2. 县级人民政府应当在居民委员会、村民委员会和有关单位建立专职或者兼职信息（　　）。
   A. 申请制度　　B. 审批制度
   C. 备案制度　　D. 报告员制度
3. 一级自然灾害、事故灾害或公共卫生事件用下列哪种颜色标示？（　　）
   A. 红色　　B. 橙色
   C. 黄色　　D. 蓝色

（三）多项选择题

1. 按照社会危害程度、影响范围等因素，自然灾害、事故灾难、公共卫生事件可分为四级，具体包括：（　　）

A. 特别重大　　B. 重大
C. 较大　　D. 一般

2. 国家鼓励公民、法人和其他组织为人民政府应对突发事件工作提供：（　　）。

A. 物资　　B. 资金
C. 技术支持　　D. 捐赠

3. 关于我国的突发事件应对，下列说法正确的有：（　　）

A. 国家建立健全突发事件监测制度
B. 国家建立健全突发事件预警制度
C. 国家建立健全应急通信保障体系
D. 国家建立健全应急物资储备保障制度

4. 可以预警的自然灾害、事故灾难和公共卫生事件的预警级别，按照突发事件发生的紧急程度、发展势态和可能造成的危害程度分为：（　　）

A. 一级　　B. 二级
C. 三级　　D. 四级

（四）填空题

1. 国家建立____、____、____、____、____的应急管理体制。
2. 因采取突发事件应对措施，诉讼、行政复议、仲裁活动不能正常进行的，适用有关____和____的规定，但法律另有规定的除外。
3. 国务院建立____的突发事件信息系统。
4. 履行统一领导职责或者组织处置突发事件的人民政府，应当按照有关规定____、____、____发布有关突发事件事态发展和应急处置工作的信息。

（五）简答题

简述突发事件发生时需要对有关单位处以罚款的情形。

参考答案

（一）判断题

1. √，解析：《突发事件应对法》第 3 条第 1 款规定，本法所称突发事件，是指突然发生，造成或者可能造成严重社会危害，需要采取应急处置措施予以应对的自然灾害、事故灾难、公共卫生事件和社会安全事件。
2. √，解析：《突发事件应对法》第 25 条规定，县级以上人民政府应当建立健全突发事件应急管理培训制度，对人民政府及其有关部门负有处置突发事件职责的工作人员定期进行培训。
3. ×，解析：《突发事件应对法》第 29 条第 3 款规定，新闻媒体应当无偿开展突发事件预防与应急、自救与互救知识的公益宣传。
4. √，解析：《突发事件应对法》第 39 条第 2 款规定，有关单位和人员报送、报告突发事件信息，应当做到及时、客观、真实，不得迟报、谎报、瞒报、漏报。

（二）单项选择题

1. B，解析：《突发事件应对法》第 5 条规定，突发事件应对工作实行预防为主、预防与应急相结合的原则。国家建立重大突发事件风险评估体系，对可能发生的突发事件进行综合性评估，减少重大突发事件的发生，最大限度地减轻重大突发事件的影响。
2. D，解析：《突发事件应对法》第 38 条第 2 款规定，县级人民政府应当在居民委员会、村民委员会和有关单位建立专职或者兼职信息报告员制度。
3. A，解析：《突发事件应对法》第 42 条第 2 款规定，可以预警的自然灾害、事故灾难和公共卫生事件的预警级别，按照突发事件发生的紧急程度、发展势态和可能造成的危害程度分为一级、二级、三级和四级，分别用红色、橙色、黄色和蓝色标示，一级为最高级别。

（三）多项选择题

1. ABCD，解析：《突发事件应对法》第 3 条第 2 款规定，按照社会危害程度、影响范围等因素，自然灾害、事故灾难、公共卫生事件分为特别重大、重大、较大和一般四级。法律、行政法规或者国务院另有规定的，从其规定。
2. ABCD，解析：《突发事件应对法》第 34 条规定，国家鼓励公民、法人和其他组织为人民政府应对突发事件工作提供物资、资金、技术支持和捐赠。

3. ABCD，解析：《突发事件应对法》第32条第1款规定，国家建立健全应急物资储备保障制度，完善重要应急物资的监管、生产、储备、调拨和紧急配送体系。第33条规定，国家建立健全应急通信保障体系，完善公用通信网，建立有线与无线相结合、基础电信网络与机动通信系统相配套的应急通信系统，确保突发事件应对工作的通信畅通。第41条第1款规定，国家建立健全突发事件监测制度。第42条第1款规定，国家建立健全突发事件预警制度。
4. ABCD，解析：《突发事件应对法》第42条第2款规定，可以预警的自然灾害、事故灾难和公共卫生事件的预警级别，按照突发事件发生的紧急程度、发展势态和可能造成的危害程度分为一级、二级、三级和四级，分别用红色、橙色、黄色和蓝色标示，一级为最高级别。

（四）填空题

1. 统一领导；综合协调；分类管理；分级负责；属地管理为主。（《突发事件应对法》第4条）
2. 时效中止；程序中止。（《突发事件应对法》第13条）
3. 全国统一。（《突发事件应对法》第37条第1款）
4. 统一；准确；及时。（《突发事件应对法》第53条）

（五）简答题

答：根据《突发事件应对法》第64条第1款规定，有关单位有下列情形之一的，由所在地履行统一领导职责的人民政府责令停产停业，暂扣或者吊销许可证或者营业执照，并处5万元以上20万元以下的罚款；构成违反治安管理行为的，由公安机关依法给予处罚：（1）未按规定采取预防措施，导致发生严重突发事件的；（2）未及时消除已发现的可能引发突发事件的隐患，导致发生严重突发事件的；（3）未做好应急设备、设施日常维护、检测工作，导致发生严重突发事件或者突发事件危害扩大的；（4）突发事件发生后，不及时组织开展应急救援工作，造成严重后果的。

二十五、消防法

（一）判断题

1. 机关、团体、企业、事业等单位，应当加强对本单位人员的消防宣传教育。(　　)
2. 对按照国家工程建设消防技术标准需要进行消防设计的建设工程，实行建设工程消防设计审查验收制度。(　　)
3. 住宅区的物业服务企业应当对管理区域内的共用消防设施进行维护管理，提供消防安全防范服务。(　　)
4. 生产、储存、经营易燃易爆危险品的场所不得与居住场所设置在同一建筑物内，但无需与居住场所保持安全距离。(　　)
5. 机关、团体、企业、事业等单位以及居民委员会根据需要，建立志愿消防队等多种形式的消防组织，开展群众性自防自救工作。(　　)
6. 消防设施，是指火灾自动报警系统、自动灭火系统、消火栓系统、防烟排烟系统以及应急广播和应急照明、安全疏散设施等。(　　)

（二）单项选择题

1. 单位的(　　)是本单位的消防安全责任人。

A. 总经理　　B. 主要负责人

C. 法定代表人　　D. 办公室主任

2. 公众聚集场所申请消防安全检查，消防救援机构应当自受理申请之日起(　　)个工作日内，根据消防技术标准和管理规定，对该场所进行消防安全检查。

A. 7　　B. 5

C. 10　　D. 15

3. 消防产品必须符合(　　)。

A. 国家标准　　B. 行业标准

C. 国家标准或行业标准
D. 国家标准和行业标准

4. 关于火灾救援，下列说法错误的是：（　　）

A. 任何单位发生火灾，必须立即组织力量扑救。邻近单位不需要给予支援

B. 严禁谎报火警

C. 任何单位、个人都应当无偿为报警提供便利，不得阻拦报警

D. 任何人发现火灾都应当立即报警

5. 人员密集场所发生火灾，该场所的现场工作人员不履行组织、引导在场人员疏散的义务，情节严重，尚不构成犯罪的，处（　　）拘留。

A. 10 日以上 15 日以下
B. 10 日以下
C. 15 日以下
D. 5 日以上 10 日以下

（三）多项选择题

1. 机关、团体、企业、事业等单位应当履行的消防安全职责包括：（　　）

A. 组织防火检查，及时消除火灾隐患

B. 组织进行有针对性的消防演练

C. 落实消防安全责任制，制定本单位的消防安全制度、消防安全操作规程，制定灭火和应急疏散预案

D. 保障疏散通道、安全出口、消防车通道畅通，保证防火防烟分区、防火间距符合消防技术标准

2. 关于消防，任何单位和个人的义务有：（　　）

A. 维护消防安全
B. 保护消防设施
C. 预防火灾
D. 报告火警

3. 消防安全重点单位需要额外履行的消防安全职责有：（　　）

A. 确定消防安全管理人，组织实施本单位的消防安全管理工作

B. 建立消防档案，确定消防安全重点部位，设置防火标志，实行严格管理

C. 实行每日防火巡查，并建立巡查记录

D. 对职工进行岗前消防安全培训，定期组织消防安全培训和消防演练

4. 任何单位、个人不得：（　　）

A. 损坏、挪用或者擅自拆除、停用消防设施、器材

B. 埋压、圈占、遮挡消火栓或者占用防火间距

C. 占用、堵塞、封闭疏散通道、安全出口

D. 占用、堵塞、封闭消防车通道

5. 单位违反《消防法》规定，有下列行为的，责令改正，处 5000 元以上 5 万元以下罚款：(　　)

A. 损坏、挪用或者擅自拆除、停用消防设施、器材

B. 埋压、圈占、遮挡消火栓或者占用防火间距

C. 占用、堵塞、封闭消防车通道，妨碍消防车通行

D. 人员密集场所在门窗上设置影响逃生和灭火救援的障碍物

（四）填空题

1. 建设工程消防设计审查、消防验收、备案和抽查的具体办法，由国务院____规定。
2. 公众聚集场所在投入使用、营业前，建设单位或者使用单位应当向场所所在地的县级以上地方人民政府消防救援机构申请____。
3. 举办大型群众性活动，承办人应当依法向公安机关申请____。
4. 消防产品，是指专门用于____、____和____的产品。

参考答案

（一）判断题

1. √，解析：《消防法》第 6 条第 2 款规定，机关、团体、企业、事业等单位，应当加强对本单位人员的消防宣传教育。
2. √，解析：《消防法》第 10 条规定，对按照国家工程建设消防技术标准需要进行消防设计的建设工程，实行建设工程消防设计审查验收制度。
3. √，解析：《消防法》第 18 条第 2 款规定，住宅区的物业服务企业应当对管理区域内的共用消防设施进行维护管理，提供消防安全防范服务。
4. ×，解析：《消防法》第 19 条第 1 款规定，生产、储存、经营易燃易爆危险品的场所不得与居住场所设置在同一建筑物内，并应当与居住场所保持安全距离。
5. √，解析：《消防法》第 41 条规定，机关、团体、企业、事业等单位以及村民委员会、居民委员会根据需要，建立志愿消防队等多种形式的消防组织，

开展群众性自防自救工作。

6. √，解析：《消防法》第73条第1项规定，消防设施，是指火灾自动报警系统、自动灭火系统、消火栓系统、防烟排烟系统以及应急广播和应急照明、安全疏散设施等。

（二）单项选择题

1. B，解析：《消防法》第16条第2款规定，单位的主要负责人是本单位的消防安全责任人。
2. C，解析：《消防法》第15条第2款规定，消防救援机构应当自受理申请之日起10个工作日内，根据消防技术标准和管理规定，对该场所进行消防安全检查。未经消防安全检查或者经检查不符合消防安全要求的，不得投入使用、营业。
3. C，解析：《消防法》第24条第1款规定，消防产品必须符合国家标准；没有国家标准的，必须符合行业标准。禁止生产、销售或者使用不合格的消防产品以及国家明令淘汰的消防产品。
4. A，解析：《消防法》第44条第1款规定，任何人发现火灾都应当立即报警。任何单位、个人都应当无偿为报警提供便利，不得阻拦报警。严禁谎报火警。第3款规定，任何单位发生火灾，必须立即组织力量扑救。邻近单位应当给予支援。
5. D，解析：《消防法》第68条规定，人员密集场所发生火灾，该场所的现场工作人员不履行组织、引导在场人员疏散的义务，情节严重，尚不构成犯罪的，处5日以上10日以下拘留。

（三）多项选择题

1. ABCD，解析：《消防法》第16条第1款规定，机关、团体、企业、事业等单位应当履行下列消防安全职责：（1）落实消防安全责任制，制定本单位的消防安全制度、消防安全操作规程，制定灭火和应急疏散预案；（2）按照国家标准、行业标准配置消防设施、器材，设置消防安全标志，并定期组织检验、维修，确保完好有效；（3）对建筑消防设施每年至少进行一次全面检测，确保完好有效，检测记录应当完整准确，存档备查；（4）保障疏散通道、安全出口、消防车通道畅通，保证防火防烟分区、防火间距符合消防技术标准；（5）组织防火检查，及时消除火灾隐患；（6）组织进行有针对性的消防演练；（7）法律、法规规定的其他消防安全职责。
2. ABCD，解析：《消防法》第5条规定，任何单位和个人都有维护消防安全、保护消防设施、预防火灾、报告火警的义务。任何单位和成年人都有参加有组织的灭火工作的义务。

3. ABCD，解析：《消防法》第 17 条第 2 款规定，消防安全重点单位除应当履行本法第 16 条规定的职责外，还应当履行下列消防安全职责：（1）确定消防安全管理人，组织实施本单位的消防安全管理工作；（2）建立消防档案，确定消防安全重点部位，设置防火标志，实行严格管理；（3）实行每日防火巡查，并建立巡查记录；（4）对职工进行岗前消防安全培训，定期组织消防安全培训和消防演练。

4. ABCD，解析：《消防法》第 28 条规定，任何单位、个人不得损坏、挪用或者擅自拆除、停用消防设施、器材，不得埋压、圈占、遮挡消火栓或者占用防火间距，不得占用、堵塞、封闭疏散通道、安全出口、消防车通道。人员密集场所的门窗不得设置影响逃生和灭火救援的障碍物。

5. ABCD，解析：《消防法》第 60 条第 1 款规定，单位违反本法规定，有下列行为之一的，责令改正，处 5000 元以上 5 万元以下罚款：（1）消防设施、器材或者消防安全标志的配置、设置不符合国家标准、行业标准，或者未保持完好有效的；（2）损坏、挪用或者擅自拆除、停用消防设施、器材的；（3）占用、堵塞、封闭疏散通道、安全出口或者有其他妨碍安全疏散行为的；（4）埋压、圈占、遮挡消火栓或者占用防火间距的；（5）占用、堵塞、封闭消防车通道，妨碍消防车通行的；（6）人员密集场所在门窗上设置影响逃生和灭火救援的障碍物的；（7）对火灾隐患经消防救援机构通知后不及时采取措施消除的。

（四）填空题

1. 住房和城乡建设主管部门。（《消防法》第 14 条）
2. 消防安全检查。（《消防法》第 15 条第 1 款）
3. 安全许可。（《消防法》第 20 条）
4. 火灾预防；灭火救援；火灾防护、避难、逃生。（《消防法》第 73 条第 2 项）

二十六、防震减灾法

（一）判断题

1. 任何单位和个人都有依法参加防震减灾活动的义务。（　　）
2. 任何单位和个人不得侵占、毁损、拆除或者擅自移动地震监测设施。（　　）
3. 国家鼓励、支持研究开发和推广使用符合抗震设防要求、经济实用的新技术、新工艺、新材料。（　　）
4. 地震应急预案无需根据实际情况适时修订。（　　）
5. 地震震情、灾情和抗震救灾等信息按照国务院有关规定实行归口管理，统一、准确、及时发布。（　　）

（二）单项选择题

1. 地震应急预案的内容不包括：（　　）
   A. 组织指挥体系及其职责
   B. 预防和预警机制、处置程序
   C. 应急响应和应急保障措施
   D. 地震灾害预防措施
2. 特别重大地震灾害发生后，（　　）负责组织有关部门启动地震应急预案。
   A. 地震发生地的市、县人民政府
   B. 国务院
   C. 地震发生地的省人民政府
   D. 地震发生地的自治区、直辖市人民政府
3. 关于地震灾害紧急救援队伍，下列说法错误的是：（　　）
   A. 应当提高地震灾害紧急救援能力
   B. 无需开展培训和演练
   C. 实施救援时，应当首先对倒塌建筑物、构筑物压埋人员进行紧急救援

D. 应当配备相应的装备、器材

（三）多项选择题

1. 防震减灾规划的内容应当包括：（　　）

A. 震情形势和防震减灾总体目标、地震监测台网建设布局

B. 地震灾害预防措施

C. 地震应急救援措施

D. 防震减灾技术、信息、资金、物资等保障措施

2. 未采取抗震设防措施或者抗震设防措施未达到抗震设防要求的，应当按照国家有关规定进行抗震性能鉴定，并采取必要的抗震加固措施的建设工程有：（　　）

A. 重大建设工程

B. 可能发生严重次生灾害的建设工程

C. 具有重大历史、科学、艺术价值或者重要纪念意义的建设工程

D. 学校、医院等人员密集场所的建设工程

3. 城乡规划应当根据地震应急避难的需要，合理确定应急疏散通道和应急避难场所，统筹安排地震应急避难所必需的（　　）等基础设施建设。

A. 交通　　　　B. 供水

C. 供电　　　　D. 排污

4. 按照社会危害程度、影响范围等因素，地震灾害分为：（　　）

A. 一般　　　　B. 较大

C. 重大　　　　D. 特别重大

（四）填空题

1. 地震监测台网不得擅自____或者____运行。

2. 国家对地震预报意见实行____发布制度。

3. 国家鼓励城市人民政府组织制定____。____由国务院地震工作主管部门负责审定。

4. 国家发展有财政支持的地震灾害____事业，鼓励单位和个人参加地震灾害____。

参考答案

（一）判断题

1. √，解析：《防震减灾法》第 8 条第 1 款规定，任何单位和个人都有依法参加防震减灾活动的义务。
2. √，解析：《防震减灾法》第 23 条第 2 款规定，任何单位和个人不得侵占、毁损、拆除或者擅自移动地震监测设施。地震监测设施遭到破坏的，县级以上地方人民政府负责管理地震工作的部门或者机构应当采取紧急措施组织修复，确保地震监测设施正常运行。
3. √，解析：《防震减灾法》第 43 条规定，国家鼓励、支持研究开发和推广使用符合抗震设防要求、经济实用的新技术、新工艺、新材料。
4. ×，解析：《防震减灾法》第 47 条第 2 款规定，地震应急预案应当根据实际情况适时修订。
5. √，解析：《防震减灾法》第 52 条第 2 款规定，地震震情、灾情和抗震救灾等信息按照国务院有关规定实行归口管理，统一、准确、及时发布。

（二）单项选择题

1. D，解析：《防震减灾法》第 47 条第 1 款规定，地震应急预案的内容应当包括：组织指挥体系及其职责，预防和预警机制，处置程序，应急响应和应急保障措施等。
2. B，解析：《防震减灾法》第 49 条第 2 款规定，一般或者较大地震灾害发生后，地震发生地的市、县人民政府负责组织有关部门启动地震应急预案；重大地震灾害发生后，地震发生地的省、自治区、直辖市人民政府负责组织有关部门启动地震应急预案；特别重大地震灾害发生后，国务院负责组织有关部门启动地震应急预案。
3. B，解析：《防震减灾法》第 54 条第 3、4 款规定，地震灾害紧急救援队伍应当配备相应的装备、器材，开展培训和演练，提高地震灾害紧急救援能力。地震灾害紧急救援队伍在实施救援时，应当首先对倒塌建筑物、构筑物压埋人员进行紧急救援。

（三）多项选择题

1. ABCD，解析：《防震减灾法》第 14 条第 1 款规定，防震减灾规划的内容应当包括：震情形势和防震减灾总体目标，地震监测台网建设布局，地震灾害预防措施，地震应急救援措施，以及防震减灾技术、信息、资金、物资等保障措施。

2. ABCD，解析：《防震减灾法》第 39 条规定，已经建成的下列建设工程，未采取抗震设防措施或者抗震设防措施未达到抗震设防要求的，应当按照国家有关规定进行抗震性能鉴定，并采取必要的抗震加固措施：（1）重大建设工程；（2）可能发生严重次生灾害的建设工程；（3）具有重大历史、科学、艺术价值或者重要纪念意义的建设工程；（4）学校、医院等人员密集场所的建设工程；（5）地震重点监视防御区内的建设工程。
3. ABCD，解析：《防震减灾法》第 41 条规定，城乡规划应当根据地震应急避难的需要，合理确定应急疏散通道和应急避难场所，统筹安排地震应急避难所必需的交通、供水、供电、排污等基础设施建设。
4. ABCD，解析：《防震减灾法》第 49 条第 1 款规定，按照社会危害程度、影响范围等因素，地震灾害分为一般、较大、重大和特别重大四级。具体分级标准按照国务院规定执行。

（四）填空题

1. 中止；终止。（《防震减灾法》第 21 条第 1 款）
2. 统一。（《防震减灾法》第 29 条第 1 款）
3. 地震小区划图；地震小区划图。（《防震减灾法》第 37 条）
4. 保险；保险。（《防震减灾法》第 45 条）

二十七、法律援助条例

（一）判断题

1. 法律援助经费应当专款专用，接受财政、审计部门的监督。（　　）
2. 中华全国律师协会和地方律师协会应当按照律师协会章程对依据《法律援助条例》实施的法律援助工作予以协助。（　　）
3. 被告人是盲、聋、哑人或者未成年人而没有委托辩护人的，人民法院为被告人指定辩护时，法律援助机构应当提供法律援助，但须对被告人进行经济状况的审查。（　　）
4. 办理法律援助案件的人员，应当遵守职业道德和执业纪律，提供法律援助不得收取任何财物。（　　）

（二）单项选择题

1. 被羁押的犯罪嫌疑人申请法律援助的，由看守所在（　　）小时内转交法律援助机构。

A. 12　　B. 24

C. 48　　D. 72

2. 申请法律援助应当采用（　　），填写申请表。

A. 书面形式　　B. 口头形式

C. 书面或口头形式　　D. 书面和口头形式

3. 申请人对法律援助机构作出的不符合法律援助条件的通知有异议的，可以向确定该法律援助机构的司法行政部门提出，司法行政部门应当在收到异议之日起（　　）个工作日内进行审查。

A. 15　　B. 7

C. 8　　D. 5

4. 由人民法院指定辩护的案件，人民法院在开庭（　　）日前将指定辩护通知书和起诉书副本或者判决书副本送交其所在地的法律援助机构。

A. 7　　B. 5

C. 10　　D. 15

5. 对人民法院指定辩护的案件，法律援助机构应当在开庭（　　）日前将确定的承办人员名单回复作出指定的人民法院。

A. 7　　B. 3

C. 5　　D. 10

（三）多项选择题

1. 关于法律援助机构，下列说法正确的是：（　　）

A. 由直辖市、设区的市或者县级人民政府司法行政部门根据需要确定

B. 负责受理、审查法律援助申请

C. 指派人员为符合《法律援助条例》规定的公民提供法律援助

D. 安排人员为符合《法律援助条例》规定的公民提供法律援助

2. 关于提供法律援助的律师，下列说法正确的有：（　　）

A. 接受司法行政部门的监督

B. 为受援人提供符合标准的法律服务

C. 依法维护受援人的合法权益

D. 接受律师协会的监督

3. 公民申请代理、刑事辩护的法律援助应当提交的证件、证明材料包括：（　　）

A. 身份证或者其他有效的身份证明

B. 经济困难的证明

C. 与所申请法律援助事项有关的案件材料

D. 代理申请人还应当提交有代理权的证明

4. 法律援助机构终止法律援助的情形包括：（　　）

A. 受援人的经济收入状况发生变化，不再符合法律援助条件

B. 案件终止审理或者已被撤销

C. 受援人又自行委托律师或者其他代理人

D. 受援人要求终止法律援助

（四）填空题

1. 法律援助是____的责任，____应当采取积极措施推动法律援助工作，为法律援助提供财政支持，保障法律援助事业与经济、社会协调发展。
2. 申请人为无民事行为能力人或者限制民事行为能力人的，由其____代为提出申请。
3. 对符合法律援助条件的，法律援助机构应当及时决定提供法律援助；对不符合法律援助条件的，应当____申请人理由。
4. 律师事务所拒绝法律援助机构的指派，不安排本所律师办理法律援助案件的，由司法行政部门给予____、____；情节严重的，给予____个月以上____个月以下停业整顿的处罚

（五）简答题

简述公民因经济困难没有委托代理人，可以向法律援助机构申请法律援助的情形。

参考答案

（一）判断题

1. √，解析：《法律援助条例》第 3 条第 2 款规定，法律援助经费应当专款专用，接受财政、审计部门的监督。
2. √，解析：《法律援助条例》第 4 条第 2 款规定，中华全国律师协会和地方律师协会应当按照律师协会章程对依据本条例实施的法律援助工作予以协助。
3. ×，解析：《法律援助条例》第 12 条第 2 款规定，被告人是盲、聋、哑人或者未成年人而没有委托辩护人的，或者被告人可能被判处死刑而没有委托辩护人的，人民法院为被告人指定辩护时，法律援助机构应当提供法律援助，无须对被告人进行经济状况的审查。
4. √，解析：《法律援助条例》第 22 条规定，办理法律援助案件的人员，应当遵守职业道德和执业纪律，提供法律援助不得收取任何财物。

（二）单项选择题

1. B，解析：《法律援助条例》第 15 条规定，本条例第 11 条所列人员申请法律

援助的，应当向审理案件的人民法院所在地的法律援助机构提出申请。被羁押的犯罪嫌疑人的申请由看守所在24小时内转交法律援助机构，申请法律援助所需提交的有关证件、证明材料由看守所通知申请人的法定代理人或者近亲属协助提供。

2. A，解析：《法律援助条例》第17条第2款规定，申请应当采用书面形式，填写申请表；以书面形式提出申请确有困难的，可以口头申请，由法律援助机构工作人员或者代为转交申请的有关机构工作人员作书面记录。

3. D，解析：《法律援助条例》第19条规定，申请人对法律援助机构作出的不符合法律援助条件的通知有异议的，可以向确定该法律援助机构的司法行政部门提出，司法行政部门应当在收到异议之日起5个工作日内进行审查，经审查认为申请人符合法律援助条件的，应当以书面形式责令法律援助机构及时对该申请人提供法律援助。

4. C，解析：《法律援助条例》第20条规定，由人民法院指定辩护的案件，人民法院在开庭10日前将指定辩护通知书和起诉书副本或者判决书副本送交其所在地的法律援助机构；人民法院不在其所在地审判的，可以将指定辩护通知书和起诉书副本或者判决书副本送交审判地的法律援助机构.

5. B，解析：《法律援助条例》第21条规定，法律援助机构可以指派律师事务所安排律师或者安排本机构的工作人员办理法律援助案件；也可以根据其他社会组织的要求，安排其所属人员办理法律援助案件。对人民法院指定辩护的案件，法律援助机构应当在开庭3日前将确定的承办人员名单回复作出指定的人民法院。

（三）多项选择题

1. ABCD，解析：《法律援助条例》第5条规定，直辖市、设区的市或者县级人民政府司法行政部门根据需要确定本行政区域的法律援助机构。法律援助机构负责受理、审查法律援助申请，指派或者安排人员为符合本条例规定的公民提供法律援助。

2. ABCD，解析：《法律援助条例》第6条规定，律师应当依照律师法和本条例的规定履行法律援助义务，为受援人提供符合标准的法律服务，依法维护受援人的合法权益，接受律师协会和司法行政部门的监督。

3. ABCD，解析：《法律援助条例》第17条第1款规定，公民申请代理、刑事辩护的法律援助应当提交下列证件、证明材料：（1）身份证或者其他有效的身份证明，代理申请人还应当提交有代理权的证明；（2）经济困难的证明；

（3）与所申请法律援助事项有关的案件材料。

4. ABCD，解析：《法律援助条例》第 23 条规定，办理法律援助案件的人员遇有下列情形之一的，应当向法律援助机构报告，法律援助机构经审查核实的，应当终止该项法律援助：（1）受援人的经济收入状况发生变化，不再符合法律援助条件的；（2）案件终止审理或者已被撤销的；（3）受援人又自行委托律师或者其他代理人的；（4）受援人要求终止法律援助的。

（四）填空题

1. 政府；县级以上人民政府。（《法律援助条例》第 3 条第 1 款）
2. 法定代理人。（《法律援助条例》第 16 条第 1 款）
3. 书面告知。（《法律援助条例》第 18 条第 2 款）
4. 警告；责令改正；1；3。（《法律援助条例》第 27 条）

（五）简答题

答：根据《法律援助条例》第 10 条第 1 款，公民对下列需要代理的事项，因经济困难没有委托代理人的，可以向法律援助机构申请法律援助：（1）依法请求国家赔偿的；（2）请求给予社会保险待遇或者最低生活保障待遇的；（3）请求发给抚恤金、救济金的；（4）请求给付赡养费、抚养费、扶养费的；（5）请求支付劳动报酬的；（6）主张因见义勇为行为产生的民事权益的。

二十八、人民调解法

（一）判断题

1. 人民调解委员会调解民间纠纷，不收取任何费用。（　　）
2. 当事人可以向人民调解委员会申请调解；人民调解委员会也可以主动调解。当事人一方明确拒绝调解的，也可调解。（　　）
3. 人民调解委员会根据调解纠纷的需要，只能指定一名或者数名人民调解员进行调解。（　　）
4. 人民调解员根据调解纠纷的需要，在征得当事人的同意后，可以邀请当事人的亲属、邻里、同事等参与调解，也可以邀请具有专门知识、特定经验的人员或者有关社会组织的人员参与调解。（　　）
5. 经人民调解委员会调解达成的调解协议，不具有法律约束力。（　　）
6. 经人民调解委员会调解达成调解协议后，当事人之间就调解协议的履行或者调解协议的内容发生争议的，一方当事人不可以向人民法院提起诉讼。（　　）

（二）单项选择题

1.《人民调解法》所称人民调解，是指（　　）通过说服、疏导等方法，促使当事人在平等协商基础上自愿达成调解协议，解决民间纠纷的活动。

A. 人民调解委员会　　B. 法院调解组织

C. 法院　　D. 政府部门

2.（　　）负责指导全国的人民调解工作，县级以上地方人民政府司法行政部门负责指导本行政区域的人民调解工作。基层人民法院对人民调解委员会调解民间纠纷进行业务指导。

A. 最高人民法院

B. 国务院司法行政部门

C. 国务院司法部门

D. 最高人民检察院

3. 人民调解委员会由委员(　　)组成，设主任一人，必要时，可以设副主任若干人。

A. 3至9人　　B. 3至7人

C. 5至9人　　D. 5至7人

4. 人民调解员从事调解工作，应当给予适当的(　　)；因从事调解工作致伤致残，生活发生困难的，当地人民政府应当提供必要的医疗、生活救助；在人民调解工作岗位上牺牲的人民调解员，其配偶、子女按照国家规定享受抚恤和优待。

A. 薪酬补贴　　B. 误工补贴

C. 酬劳　　D. 奖金

5. 人民调解员在调解纠纷过程中，发现纠纷有可能激化的，应当采取有针对性的预防措施；对有可能引起治安案件、刑事案件的纠纷，应当及时向(　　)或者其他有关部门报告。

A. 当地基层人民法院　　B. 当地基层人民检察院

C. 当地基层人民政府　　D. 当地公安机关

6. (　　)应当记录调解情况。人民调解委员会应当建立调解工作档案，将调解登记、调解工作记录、调解协议书等材料立卷归档。

A. 书记员　　B. 人民调解员

C. 法官　　D. 人民调解委员会主任

7. 经人民调解委员会调解达成调解协议的，可以制作(　　)。

A. 调解协议书　　B. 新合同协议

C. 调解成功证明　　D. 双方权利义务证明书

(三) 多项选择题

1. 人民调解委员会调解民间纠纷，应当遵循哪些原则？(　　)

A. 效率和公平原则

B. 在当事人自愿、平等的基础上进行调解

C. 不违背法律、法规和国家政策

D. 尊重当事人的权利，不得因调解而阻止当事人依法通过仲裁、行政、

司法等途径维护自己的权利

2. 人民调解员在调解工作中有下列哪些行为之一的，由其所在的人民调解委员会给予批评教育、责令改正，情节严重的，由推选或者聘任单位予以罢免或者解聘？(　　)

A. 偏袒一方当事人

B. 侮辱当事人

C. 索取、收受财物或者牟取其他不正当利益

D. 泄露当事人的个人隐私、商业秘密

3. (　　)对适宜通过人民调解方式解决的纠纷，可以在受理前告知当事人向人民调解委员会申请调解。

A. 仲裁机构　　B. 人民政府

C. 基层人民法院　　D. 公安机关

4. 民调解员调解纠纷，调解不成的，应当终止调解，并依据有关法律、法规的规定，告知当事人可以依法通过(　　)等途径维护自己的权利。

A. 仲裁　　B. 诉讼

C. 行政　　D. 司法

5. 人民调解员根据调解纠纷的需要，在征得当事人的同意后，可以邀请当事人的(　　)等参与调解，也可以邀请具有专门知识、特定经验的人员或者有关社会组织的人员参与调解。

A. 亲属　　B. 邻里

C. 同事　　D. 单位领导

(四) 填空题

1. 为了完善____，规范人民调解活动，及时解决民间纠纷，维护社会和谐稳定，根据宪法，制定本法。

2. 人民调解委员会是依法设立的调解民间纠纷的____组织。

3. 人民调解委员会应当有____，多民族居住的地区应当有人数较少民族的成员。

4. 调解民间纠纷，应当____、____进行，防止矛盾激化。

5. 人民调解员根据纠纷的不同情况，可以采取多种方式调解民间纠纷，充

分听取当事人的陈述，讲解有关法律、法规和国家政策，耐心疏导，在当事人____、____的基础上提出纠纷解决方案，帮助当事人自愿达成调解协议。

6. 口头调解协议自____之日起生效。
7. 经人民调解委员会调解达成调解协议后，双方当事人认为有必要的，可以自调解协议生效之日起____日内共同向人民法院申请司法确认，人民法院应当及时对调解协议进行审查，依法确认调解协议的效力。
8. 人民法院依法确认调解协议有效，一方当事人拒绝履行或者未全部履行的，对方当事人可以向人民法院____。

（五）简答题

1. 简述当事人在人民调解活动中享有的权利和义务。
2. 简述调解协议书可以载明的事项。

参考答案

（一）判断题

1. √，解析：《人民调解法》第4条规定，人民调解委员会调解民间纠纷，不收取任何费用。
2. ×，解析：《人民调解法》第17条规定，当事人可以向人民调解委员会申请调解；人民调解委员会也可以主动调解。当事人一方明确拒绝调解的，不得调解。
3. ×，解析：《人民调解法》第19条规定，人民调解委员会根据调解纠纷的需要，可以指定一名或者数名人民调解员进行调解，也可以由当事人选择一名或者数名人民调解员进行调解。
4. √，解析：《人民调解法》第20条规定，人民调解员根据调解纠纷的需要，在征得当事人的同意后，可以邀请当事人的亲属、邻里、同事等参与调解，也可以邀请具有专门知识、特定经验的人员或者有关社会组织的人员参与调解。人民调解委员会支持当地公道正派、热心调解、群众认可的社会人士参与调解。
5. ×，解析：《人民调解法》第31条第1款规定，经人民调解委员会调解达成的调解协议，具有法律约束力，当事人应当按照约定履行。

6. ×，解析：《人民调解法》第32条规定，经人民调解委员会调解达成调解协议后，当事人之间就调解协议的履行或者调解协议的内容发生争议的，一方当事人可以向人民法院提起诉讼。

（二）单项选择题

1. A，解析：《人民调解法》第2条规定，本法所称人民调解，是指人民调解委员会通过说服、疏导等方法，促使当事人在平等协商基础上自愿达成调解协议，解决民间纠纷的活动。
2. B，解析：《人民调解法》第5条规定，国务院司法行政部门负责指导全国的人民调解工作，县级以上地方人民政府司法行政部门负责指导本行政区域的人民调解工作。基层人民法院对人民调解委员会调解民间纠纷进行业务指导。
3. A，解析：《人民调解法》第8条第2款规定，人民调解委员会由委员3至9人组成，设主任一人，必要时，可以设副主任若干人。
4. B，解析：《人民调解法》第16条规定，人民调解员从事调解工作，应当给予适当的误工补贴；因从事调解工作致伤致残，生活发生困难的，当地人民政府应当提供必要的医疗、生活救助；在人民调解工作岗位上牺牲的人民调解员，其配偶、子女按照国家规定享受抚恤和优待。
5. D，解析：《人民调解法》第25条规定，人民调解员在调解纠纷过程中，发现纠纷有可能激化的，应当采取有针对性的预防措施；对有可能引起治安案件、刑事案件的纠纷，应当及时向当地公安机关或者其他有关部门报告。
6. B，解析：《人民调解法》第27条规定，人民调解员应当记录调解情况。人民调解委员会应当建立调解工作档案，将调解登记、调解工作记录、调解协议书等材料立卷归档。
7. A，解析：《人民调解法》第28条规定，经人民调解委员会调解达成调解协议的，可以制作调解协议书。当事人认为无需制作调解协议书的，可以采取口头协议方式，人民调解员应当记录协议内容。

（三）多项选择题

1. BCD，解析：《人民调解法》第3条规定，人民调解委员会调解民间纠纷，应当遵循下列原则：（1）在当事人自愿、平等的基础上进行调解；（2）不违背法律、法规和国家政策；（3）尊重当事人的权利，不得因调解而阻止当事人依法通过仲裁、行政、司法等途径维护自己的权利。

2. ABCD，解析：《人民调解法》第15条规定，人民调解员在调解工作中有下列行为之一的，由其所在的人民调解委员会给予批评教育、责令改正，情节严重的，由推选或者聘任单位予以罢免或者解聘：（1）偏袒一方当事人的；（2）侮辱当事人的；（3）索取、收受财物或者牟取其他不正当利益的；（4）泄露当事人的个人隐私、商业秘密的。
3. CD，解析：《人民调解法》第18条规定，基层人民法院、公安机关对适宜通过人民调解方式解决的纠纷，可以在受理前告知当事人向人民调解委员会申请调解。
4. ACD，解析：《人民调解法》第26条规定，人民调解员调解纠纷，调解不成的，应当终止调解，并依据有关法律、法规的规定，告知当事人可以依法通过仲裁、行政、司法等途径维护自己的权利。
5. ABC，解析：《人民调解法》第20条第1款规定，人民调解员根据调解纠纷的需要，在征得当事人的同意后，可以邀请当事人的亲属、邻里、同事等参与调解，也可以邀请具有专门知识、特定经验的人员或者有关社会组织的人员参与调解。

（四）填空题

1. 人民调解制度。（《人民调解法》第1条）
2. 群众性。（《人民调解法》第7条）
3. 妇女成员。（《人民调解法》第8条第3款）
4. 及时；就地。（《人民调解法》第21条第2款）
5. 平等协商；互谅互让。（《人民调解法》第22条）
6. 各方当事人达成协议。（《人民调解法》第30条）
7. 30。（《人民调解法》第33条第1款）
8. 申请强制执行。（《人民调解法》第33条第2款）

（五）简答题

1. 答：《人民调解法》第23条规定，当事人在人民调解活动中享有下列权利：（1）选择或者接受人民调解员；（2）接受调解、拒绝调解或者要求终止调解；（3）要求调解公开进行或者不公开进行；（4）自主表达意愿、自愿达成调解协议。第24条规定，当事人在人民调解活动中履行下列义务：（1）如实陈述纠纷事实；（2）遵守调解现场秩序，尊重人民调解员；（3）尊重对方当事人行使权利。

2. 答：《人民调解法》第 29 条规定，调解协议书可以载明下列事项：(1) 当事人的基本情况；(2) 纠纷的主要事实、争议事项以及各方当事人的责任；(3) 当事人达成调解协议的内容，履行的方式、期限。调解协议书自各方当事人签名、盖章或者按指印，人民调解员签名并加盖人民调解委员会印章之日起生效。调解协议书由当事人各执一份，人民调解委员会留存一份。

二十九、治安管理处罚法

（一）判断题

1. 违反治安管理的行为对他人造成损害的，行为人或者其监护人应当依法承担刑事责任。（　　）
2. 出于他人胁迫或者诱骗，违反治安管理的，一律不予处罚。（　　）
3. 违反治安管理行为在 6 个月内没有被公安机关发现的，不再处罚。（　　）
4. 冒充国家机关工作人员或者以其他虚假身份招摇撞骗，情节较轻的，处 5 日以下拘留或者 200 元以下罚款。（　　）
5. 买卖或者使用伪造、变造的国家机关、人民团体、企业、事业单位或者其他组织的公文、证件、证明文件的，处 10 日以上 15 日以下拘留，可以并处 1000 元以下罚款。（　　）

（二）单项选择题

1. 下列哪一证据可以作为处罚的根据？（　　）
   A. 以合法手段收集的证据
   B. 以刑讯逼供手段收集的证据
   C. 采用威胁手段收集的证据
   D. 采取引诱、欺骗等手段收集的证据
2. 人民警察在办理治安案件过程中，发生下列哪一情形的，应当回避？（　　）
   A. 是本案当事人的远房亲戚
   B. 本人的远房亲戚与本案有利害关系
   C. 与本案当事人有其他关系，不会影响案件公正处理
   D. 是本案当事人
3. 关于传唤违反治安管理行为人接受调查，下列哪一说法是错误的？（　　）
   A. 经公安机关办案部门负责人批准，使用传唤证传唤

B. 不能口头传唤

C. 对现场发现的违反治安管理行为人，人民警察经出示工作证件，可以口头传唤

D. 口头传唤的，应当在询问笔录中注明

4. 关于询问查证，下列哪一说法是错误的？(　　)

A. 对违反治安管理行为人，公安机关传唤后应当及时询问查证

B. 询问查证的时间一般不得超过 8 小时

C. 情况复杂的，询问查证的时间不得超过 24 小时

D. 情况复杂，依照《治安管理处罚法》规定可能适用行政拘留处罚的，询问查证的时间不得超过 24 小时

5. 公安机关依法实施罚款处罚，应当依照有关法律、行政法规的规定，实行(　　)。

A. 罚款决定与罚款收缴分离

B. 罚款决定与罚款收缴一体

C. 罚款决定当场作出

D. 罚款由银行统一收缴

(三) 多项选择题

1. 伪造下列哪些主体的印章，处 10 日以上 15 日以下拘留，可以并处 1000 元以下罚款；情节较轻的，处 5 日以上 10 日以下拘留，可以并处 500 元以下罚款？(　　)

A. 国家机关　　B. 事业单位

C. 企业　　D. 人民团体

2. 公安机关及其人民警察办理治安案件，禁止对违反治安管理行为人(　　)。

A. 罚款　　B. 打骂

C. 虐待　　D. 侮辱

3. 公安机关及其人民警察办理治安案件，应当自觉接受(　　)的监督。

A. 社会　　B. 公众

C. 公民　　D. 人民

4. 对违反治安管理的行为人，在下列哪些情况下，可以强制传唤？(　　)

A. 经公安机关办案部门负责人批准

B. 现场发现违反治安管理行为人

C. 无正当理由不接受传唤

D. 逃避传唤

（四）填空题

1. 国务院公安部门负责____的治安管理工作。县级以上地方各级人民政府公安机关负责____的治安管理工作。治安案件的管辖由____规定。
2. 对于因____引起的打架斗殴或者损毁他人财物等违反治安管理行为，情节较轻的，公安机关可以调解处理。
3. 违反治安管理有下列情形之一的，减轻处罚或者不予处罚：（1）情节特别轻微的；（2）主动消除或者减轻违法后果，并取得____的；（3）出于他人____的；（4）主动投案，向公安机关如实陈述自己的违法行为的；（5）有____表现的。
4. 违反治安管理有下列情形之一的，从重处罚：（1）有____的；（2）教唆、胁迫、诱骗他人违反治安管理的；（3）对报案人、控告人、举报人、证人____的；（4）____个月内曾受过治安管理处罚的。

（五）简答题

1. 简述对扰乱文化、教育等大型群众性活动秩序行为的治安管理处罚措施。
2. 简述对非法携带枪支、弹药行为的治安管理处罚措施。
3. 简述对猥亵行为的治安管理处罚措施。
4. 简述对招摇撞骗行为的治安管理处罚措施。
5. 简述治安管理处罚中当场收缴罚款的具体情形。

参考答案

（一）判断题

1. ×，解析：《治安管理处罚法》第 8 条规定，违反治安管理的行为对他人造成损害的，行为人或者其监护人应当依法承担民事责任。

2. ×，解析：《治安管理处罚法》第 19 条规定，违反治安管理有下列情形之一的，减轻处罚或者不予处罚：（1）情节特别轻微的；（2）主动消除或者减轻违法后果，并取得被侵害人谅解的；（3）出于他人胁迫或者诱骗的；（4）主动投案，向公安机关如实陈述自己的违法行为的；（5）有立功表现的。
3. √，解析：《治安管理处罚法》第 22 条第 1 款规定，违反治安管理行为在 6 个月内没有被公安机关发现的，不再处罚。
4. ×，解析：《治安管理处罚法》第 51 条第 1 款规定，冒充国家机关工作人员或者以其他虚假身份招摇撞骗的，处 5 日以上 10 日以下拘留，可以并处 500 元以下罚款；情节较轻的，处 5 日以下拘留或者 500 元以下罚款。
5. √，解析：《治安管理处罚法》第 52 条规定，有下列行为之一的，处 10 日以上 15 日以下拘留，可以并处 1000 元以下罚款；情节较轻的，处 5 日以上 10 日以下拘留，可以并处 500 元以下罚款：……（2）买卖或者使用伪造、变造的国家机关、人民团体、企业、事业单位或者其他组织的公文、证件、证明文件的；……

（二）单项选择题

1. A，解析：《治安管理处罚法》第 79 条规定，公安机关及其人民警察对治安案件的调查，应当依法进行。严禁刑讯逼供或者采用威胁、引诱、欺骗等非法手段收集证据。以非法手段收集的证据不得作为处罚的根据。
2. D，解析：《治安管理处罚法》第 81 条第 1 款规定，人民警察在办理治安案件过程中，遇有下列情形之一的，应当回避；违反治安管理行为人、被侵害人或者其法定代理人也有权要求他们回避：（1）是本案当事人或者当事人的近亲属的；（2）本人或者其近亲属与本案有利害关系的；（3）与本案当事人有其他关系，可能影响案件公正处理的。
3. B，解析：《治安管理处罚法》第 82 条第 1 款规定，需要传唤违反治安管理行为人接受调查的，经公安机关办案部门负责人批准，使用传唤证传唤。对现场发现的违反治安管理行为人，人民警察经出示工作证件，可以口头传唤，但应当在询问笔录中注明。
4. C，解析：《治安管理处罚法》第 83 条第 1 款规定，对违反治安管理行为人，公安机关传唤后应当及时询问查证，询问查证的时间不得超过 8 小时；情况复杂，依照本法规定可能适用行政拘留处罚的，询问查证的时间不得超过 24 小时。
5. A，解析：《治安管理处罚法》第 115 条规定，公安机关依法实施罚款处罚，应当依照有关法律、行政法规的规定，实行罚款决定与罚款收缴分离；收缴的罚款应当全部上缴国库。

（三）多项选择题

1. ABCD，解析：《治安管理处罚法》第 52 条规定，有下列行为之一的，处 10 日以上 15 日以下拘留，可以并处 1000 元以下罚款；情节较轻的，处 5 日以上 10 日以下拘留，可以并处 500 元以下罚款：（1）伪造、变造或者买卖国家机关、人民团体、企业、事业单位或者其他组织的公文、证件、证明文件、印章的；（2）买卖或者使用伪造、变造的国家机关、人民团体、企业、事业单位或者其他组织的公文、证件、证明文件的；（3）伪造、变造、倒卖车票、船票、航空客票、文艺演出票、体育比赛入场券或者其他有价票证、凭证的；（4）伪造、变造船舶户牌，买卖或者使用伪造、变造的船舶户牌，或者涂改船舶发动机号码的。
2. BCD，解析：《治安管理处罚法》第 113 条规定，公安机关及其人民警察办理治安案件，禁止对违反治安管理行为人打骂、虐待或者侮辱。
3. AC，解析：《治安管理处罚法》第 114 条第 1 款规定，公安机关及其人民警察办理治安案件，应当自觉接受社会和公民的监督。
4. CD，解析：《治安管理处罚法》第 82 条第 2 款规定，公安机关应当将传唤的原因和依据告知被传唤人。对无正当理由不接受传唤或者逃避传唤的人，可以强制传唤。

（四）填空题

1. 全国；本行政区域内；国务院公安部门。（《治安管理处罚法》第 7 条）
2. 民间纠纷。（《治安管理处罚法》第 9 条）
3. 被侵害人谅解；胁迫或者诱骗；立功。（《治安管理处罚法》第 19 条）
4. 较严重后果；打击报复；6。（《治安管理处罚法》第 20 条）

（五）简答题

1. 答：根据《治安管理处罚法》第 24 条规定，有下列行为之一，扰乱文化、体育等大型群众性活动秩序的，处警告或者 200 元以下罚款；情节严重的，处 5 日以上 10 日以下拘留，可以并处 500 元以下罚款：（1）强行进入场内的；（2）违反规定，在场内燃放烟花爆竹或者其他物品的；（3）展示侮辱性标语、条幅等物品的；（4）围攻裁判员、运动员或者其他工作人员的；（5）向场内投掷杂物，不听制止的；（6）扰乱大型群众性活动秩序的其他行为。因扰乱体育比赛秩序被处以拘留处罚的，可以同时责令其12个月内不得进入体育场馆观看同类比赛；违反规定进入体育场馆的，强行带离现场。

2. 答：根据《治安管理处罚法》第32条规定，非法携带枪支、弹药或者弩、匕首等国家规定的管制器具的，处5日以下拘留，可以并处500元以下罚款；情节较轻的，处警告或者200元以下罚款。非法携带枪支、弹药或者弩、匕首等国家规定的管制器具进入公共场所或者公共交通工具的，处5日以上10日以下拘留，可以并处500元以下罚款。

3. 答：根据《治安管理处罚法》第44条规定，猥亵他人的，或者在公共场所故意裸露身体，情节恶劣的，处5日以上10日以下拘留；猥亵智力残疾人、精神病人、不满14周岁的人或者有其他严重情节的，处10日以上15日以下拘留。

4. 答：根据《治安管理处罚法》第51条规定，冒充国家机关工作人员或者以其他虚假身份招摇撞骗的，处五日以上10日以下拘留，可以并处五百元以下罚款；情节较轻的，处5日以下拘留或者500元以下罚款。冒充军警人员招摇撞骗的，从重处罚。

5. 答：根据《治安管理处罚法》第104条规定，受到罚款处罚的人应当自收到处罚决定书之日起15日内，到指定的银行缴纳罚款。但是，有下列情形之一的，人民警察可以当场收缴罚款：（1）被处50元以下罚款，被处罚人对罚款无异议的；（2）在边远、水上、交通不便地区，公安机关及其人民警察依照本法的规定作出罚款决定后，被处罚人向指定的银行缴纳罚款确有困难，经被处罚人提出的；（3）被处罚人在当地没有固定住所，不当场收缴事后难以执行的。

三十、预防未成年人犯罪法

（一）判断题

1. 公安机关、人民检察院、人民法院、司法行政部门应当由专门机构或者经过专业培训、熟悉未成年人身心特点的专门人员负责预防未成年人犯罪工作。（　　）
2. 学校可以自主决定是否配备专职或者兼职的心理健康教育教师，开展心理健康教育。（　　）
3. 教育行政部门应当将预防犯罪教育的工作效果纳入学校年度考核内容。（　　）
4. 居民委员会发现本辖区内未成年人有不良行为的，应当及时制止，并督促其父母或者其他监护人依法履行监护职责。（　　）
5. 未成年人的父母或者其他监护人应当积极配合矫治教育措施的实施，不得妨碍阻挠或者放任不管。（　　）

（二）单项选择题

1. 职业培训机构、用人单位在对已满（　　）周岁准备就业的未成年人进行职业培训时，应当将预防犯罪教育纳入培训内容。

   A. 16　　B. 12

   C. 14　　D. 18

2. 居民委员会发现有人教唆、胁迫、引诱未成年人实施严重不良行为的，应当立即向（　　）关报告。

   A. 监察机关　　B. 公安机关

   C. 人民法院　　D. 人民检察院

3. 未成年人实施的严重不良行为不包括：（　　）

   A. 非法携带枪支、弹药或者弩、匕首等国家规定的管制器具

   B. 殴打、辱骂、恐吓，或者故意伤害他人身体

C. 传播淫秽的读物、音像制品或者信息等

D. 无故夜不归宿、离家出走或者吸烟、饮酒

（三）多项选择题

1. 未成年人应当(　　)。

A. 遵守法律法规及社会公共道德规范

B. 树立自尊、自律、自强意识

C. 增强辨别是非和自我保护的能力

D. 自觉抵制各种不良行为以及违法犯罪行为的引诱和侵害

2. 国家、社会、学校和家庭应当对未成年人(　　)。

A. 加强社会主义核心价值观教育

B. 开展预防犯罪教育

C. 增强未成年人的法治观念

D. 使未成年人树立遵纪守法和防范违法犯罪的意识，提高自我管控能力

3. 居民委员会应当(　　)。

A. 积极开展有针对性的预防未成年人犯罪宣传活动

B. 协助公安机关维护学校周围治安

C. 及时掌握本辖区内未成年人的监护、就学和就业情况

D. 组织、引导社区社会组织参与预防未成年人犯罪工作

4. 对于有不良行为的未成年学生，若其拒不改正或者情节严重的，学校可以采取的管理教育措施有：(　　)

A. 予以训导

B. 要求遵守特定的行为规范、参加特定的专题教育

C. 要求参加校内服务活动

D. 要求接受社会工作者或者其他专业人员的心理辅导和行为干预

5. 对有严重不良行为的未成年人，公安机关可以根据具体情况，采取以下矫治教育措施：(　　)

A. 予以训诫

B. 责令赔礼道歉、赔偿损失

C. 责令具结悔过

D. 责令定期报告活动情况

（四）填空题

1. 国家____、____和____社会工作服务机构等社会组织参与预防未成年人犯罪相关工作，并加强监督。
2. 未成年实施的不利于其健康成长的行为被称为____。
3. 未成年人的父母或者其他监护人发现未成年人有不良行为的，应当____并____。
4. 公安机关接到举报或者发现未成年人有严重不良行为的，应当及时制止，依法调查处理，并可以责令其父母或者其他监护人____或者____违法后果，采取措施____。

（五）简答题

1. 简述各级人民政府在预防未成年人犯罪方面的工作职责。
2. 简述未成人不良行为。

参考答案

（一）判断题

1. √，解析：《预防未成年人犯罪法》第7条规定，公安机关、人民检察院、人民法院、司法行政部门应当由专门机构或者经过专业培训、熟悉未成年人身心特点的专门人员负责预防未成年人犯罪工作。
2. ×，解析：《预防未成年人犯罪法》第19条第1款规定，学校应当配备专职或者兼职的心理健康教育教师，开展心理健康教育。
3. √，解析：《预防未成年人犯罪法》第23条规定，教育行政部门应当将预防犯罪教育的工作效果纳入学校年度考核内容。
4. √，解析：《预防未成年人犯罪法》第30条规定，公安机关、居民委员会、村民委员会发现本辖区内未成年人有不良行为的，应当及时制止，并督促其父母或者其他监护人依法履行监护职责。
5. √，解析：《预防未成年人犯罪法》第42条第2款规定，未成年人的父母或者其他监护人应当积极配合矫治教育措施的实施，不得妨碍阻挠或者放任不管。

（二）单项选择题

1. A，解析：《预防未成年人犯罪法》第 27 条规定，职业培训机构、用人单位在对已满 16 周岁准备就业的未成年人进行职业培训时，应当将预防犯罪教育纳入培训内容。
2. B，解析：《预防未成年人犯罪法》第 39 条规定，未成年人的父母或者其他监护人、学校、居民委员会、村民委员会发现有人教唆、胁迫、引诱未成年人实施严重不良行为的，应当立即向公安机关报告。
3. D，解析：《预防未成年人犯罪法》第 28 条规定，本法所称不良行为，是指未成年人实施的不利于其健康成长的下列行为：（1）吸烟、饮酒；（2）多次旷课、逃学；（3）无故夜不归宿、离家出走；……第 38 条规定，本法所称严重不良行为，是指未成年人实施的有刑法规定、因不满法定刑事责任年龄不予刑事处罚的行为，以及严重危害社会的下列行为：……（2）非法携带枪支、弹药或者弩、匕首等国家规定的管制器具；（3）殴打、辱骂、恐吓，或者故意伤害他人身体；……（5）传播淫秽的读物、音像制品或者信息等；……

（三）多项选择题

1. ABCD，解析：《预防未成年人犯罪法》第 11 条规定，未成年人应当遵守法律法规及社会公共道德规范，树立自尊、自律、自强意识，增强辨别是非和自我保护的能力，自觉抵制各种不良行为以及违法犯罪行为的引诱和侵害。
2. ABCD，解析：《预防未成年人犯罪法》第 15 条规定，国家、社会、学校和家庭应当对未成年人加强社会主义核心价值观教育，开展预防犯罪教育，增强未成年人的法治观念，使未成年人树立遵纪守法和防范违法犯罪的意识，提高自我管控能力。
3. ABCD，解析：《预防未成年人犯罪法》第 25 条规定，居民委员会、村民委员会应当积极开展有针对性的预防未成年人犯罪宣传活动，协助公安机关维护学校周围治安，及时掌握本辖区内未成年人的监护、就学和就业情况，组织、引导社区社会组织参与预防未成年人犯罪工作。
4. ABCD，解析：《预防未成年人犯罪法》第 31 条规定，学校对有不良行为的未成年学生，应当加强管理教育，不得歧视；对拒不改正或者情节严重的，学校可以根据情况予以处分或者采取以下管理教育措施：（1）予以训导；（2）要求遵守特定的行为规范；（3）要求参加特定的专题教育；（4）要求参加校内服务活动；（5）要求接受社会工作者或者其他专业人员的心理辅导和行为干预；（6）其他适当的管理教育措施。

5. ABCD，解析：《预防未成年人犯罪法》第41条规定，对有严重不良行为的未成年人，公安机关可以根据具体情况，采取以下矫治教育措施：（1）予以训诫；（2）责令赔礼道歉、赔偿损失；（3）责令具结悔过；（4）责令定期报告活动情况；……

（四）填空题

1. 鼓励；支持；指导。（《预防未成年人犯罪法》第9条）
2. 不良行为。（《预防未成年人犯罪法》第28条）
3. 及时制止；加强管教。（《预防未成年人犯罪法》第29条）
4. 消除；减轻；严加管教。（《预防未成年人犯罪法》第40条）

（五）简答题

1. 答：根据《预防未成年人犯罪法》第5条规定，各级人民政府在预防未成年人犯罪方面的工作职责是：（1）制定预防未成年人犯罪工作规划；（2）组织公安、教育、民政、文化和旅游、市场监督管理、网信、卫生健康、新闻出版、电影、广播电视、司法行政等有关部门开展预防未成年人犯罪工作；（3）为预防未成年人犯罪工作提供政策支持和经费保障；（4）对本法的实施情况和工作规划的执行情况进行检查；（5）组织开展预防未成年人犯罪宣传教育；（6）其他预防未成年人犯罪工作职责。
2. 答：根据《预防未成年人犯罪法》第28条规定，不良行为，是指未成年人实施的不利于其健康成长的下列行为：（1）吸烟、饮酒；（2）多次旷课、逃学；（3）无故夜不归宿、离家出走；（4）沉迷网络；（5）与社会上具有不良习性的人交往，组织或者参加实施不良行为的团伙；（6）进入法律法规规定未成年人不宜进入的场所；（7）参与赌博、变相赌博，或者参加封建迷信、邪教等活动；（8）阅览、观看或者收听宣扬淫秽、色情、暴力、恐怖、极端等内容的读物、音像制品或者网络信息等；（9）其他不利于未成年人身心健康成长的不良行为。

三十一、禁毒法

（一）判断题

1. 禁毒是全社会的共同责任。国家机关、社会团体、企业事业单位以及其他组织和公民，应当依照《禁毒法》和有关法律的规定，履行禁毒职责或者义务。（　　）
2. 公民、组织不能开展公益性的禁毒宣传活动。（　　）
3. 国家机关、社会团体、企业事业单位以及其他组织，应当加强对本单位人员的禁毒宣传教育。（　　）
4. 娱乐场所应当建立巡查制度，发现娱乐场所内有毒品违法犯罪活动的，应当立即向公安机关报告。（　　）
5. 国家建立健全毒品监测和禁毒信息系统，开展毒品监测和禁毒信息的收集、分析、使用、交流工作。（　　）
6. 吸毒人员不可以自行到具有戒毒治疗资质的医疗机构接受戒毒治疗。（　　）
7. 医疗机构根据戒毒治疗的需要，可以对接受戒毒治疗的戒毒人员进行身体和所携带物品的检查。（　　）
8. 对被决定予以强制隔离戒毒的人员，由作出决定的公安机关送强制隔离戒毒场所执行。（　　）
9. 公安机关、司法行政部门对被依法拘留、逮捕、收监执行刑罚以及被依法采取强制性教育措施的吸毒人员，应当给予必要的戒毒治疗。（　　）

（二）单项选择题

1. 关于毒品管制，下列说法错误的是：（　　）

   A. 国家对麻醉药品药用原植物种植实行管制

   B. 国家确定的麻醉药品药用原植物种植企业，必须按照国家有关规定种植麻醉药品药用原植物

C. 国家确定的麻醉药品药用原植物种植企业的提取加工场所不属于国家重点警戒目标

D. 国家设立的麻醉药品储存仓库，列为国家重点警戒目标

2. 国家对易制毒化学品的生产、经营、购买、运输实行(　　)制度。

A. 许可　　B. 管制

C. 查验　　D. 禁止

3. 麻醉药品、精神药品和易制毒化学品管理的具体办法，由(　　)规定。

A. 立法机关　　B. 地方各级人民政府

C. 国务院　　D. 人民代表大会

4. 吸毒成瘾认定办法的规定机关不包括：(　　)

A. 国务院卫生行政部门　　B. 药品监督管理部门

C. 公安部门　　D. 立法机关

5. 社区戒毒的期限为(　　)。

A. 3 个月　　B. 1 年

C. 3 年　　D. 2 年

6. 关于戒毒治疗，下列说法正确的是：(　　)

A. 戒毒治疗收取费用的，无需按照省、自治区、直辖市人民政府价格主管部门会同卫生行政部门制定的收费标准执行

B. 戒毒治疗可以以营利为目的

C. 戒毒治疗的药品、医疗器械和治疗方法可以做广告

D. 戒毒治疗不得以营利为目的

7. 公安机关对吸毒成瘾人员决定予以强制隔离戒毒的，应当制作强制隔离戒毒决定书，在执行强制隔离戒毒前送达被决定人，并在送达后(　　)以内通知被决定人的家属、所在单位和户籍所在地公安派出所。

A. 48 小时　　B. 24 小时

C. 72 小时　　D. 5 日

8. 强制隔离戒毒的期限为(　　)。

A. 2 年　　B. 3 年

C. 5 年　　D. 8 个月

9. 对于被解除强制隔离戒毒的人员，强制隔离戒毒的决定机关可以责令其

接受不超过(　　)的社区康复。

A. 2 年　　B. 3 年

C. 5 年　　D. 4 年

(三) 多项选择题

1. 下列属于毒品的有：(　　)

A. 鸦片、海洛因　　B. 甲基苯丙胺（冰毒）、吗啡

C. 大麻　　D. 可卡因

2.《禁毒法》规定的禁毒方针是：(　　)

A. 预防为主　　B. 综合治理

C. 禁种、禁制、禁贩、禁吸并举　　D. 禁种、禁制、禁贩并举

3. 关于禁毒工作，下列说法正确的有：(　　)

A. 国家鼓励对禁毒工作的社会捐赠，并依法给予税收优惠

B. 国家鼓励开展禁毒科学技术研究，推广先进的缉毒技术、装备和戒毒方法

C. 县级以上各级人民政府应当将禁毒工作纳入国民经济和社会发展规划，并将禁毒经费列入本级财政预算

D. 禁毒工作实行政府统一领导，有关部门各负其责，社会广泛参与的工作机制

4. (　　)应当结合各自工作对象的特点，组织开展禁毒宣传教育。

A. 商会　　B. 工会

C. 共产主义青年团　　D. 妇女联合会

5. 下列应当收缴的有：(　　)

A. 毒品

B. 毒品违法犯罪的非法所得及其收益

C. 吸食、注射毒品的用具

D. 直接用于实施毒品违法犯罪行为的本人所有的工具、设备、资金

6. 对于涉嫌吸毒的人员或者吸毒人员，公安机关：(　　)

A. 可以对涉嫌吸毒的人员进行必要的检测，被检测人员应当予以配合

B. 涉嫌吸毒的人员拒绝接受检测的，经县级以上人民政府公安机关或者

其派出机构负责人批准，可以强制检测

C. 涉嫌吸毒的人员拒绝接受检测的，无需批准，可以直接进行强制检测

D. 应当对吸毒人员进行登记

7. 接受社区戒毒的戒毒人员的义务包括：（　　）

A. 遵守法律

B. 遵守法规

C. 自觉履行社区戒毒协议

D. 根据公安机关的要求，定期接受检测

8. 关于强制隔离戒毒，下列说法正确的有：（　　）

A. 不满 18 周岁的未成年人吸毒成瘾的，不适用强制隔离戒毒

B. 怀孕的妇女吸毒成瘾的，不适用强制隔离戒毒

C. 正在哺乳自己不满 1 周岁婴儿的妇女吸毒成瘾的，不适用强制隔离戒毒

D. 不满 16 周岁的未成年人吸毒成瘾的，可以不适用强制隔离戒毒

9. 关于强制隔离戒毒场所，下列说法正确的有：（　　）

A. 根据戒毒的需要，强制隔离戒毒场所可以组织戒毒人员参加必要的生产劳动

B. 强制隔离戒毒场所组织戒毒人员参加生产劳动的，应当支付劳动报酬

C. 强制隔离戒毒场所对有严重残疾或者疾病的戒毒人员，应当给予必要的看护和治疗

D. 强制隔离戒毒场所管理人员不得体罚、虐待或者侮辱戒毒人员

（四）填空题

1. 国务院设立____，负责组织、协调、指导全国的禁毒工作。

2. 国家鼓励公民____毒品违法犯罪行为。各级人民政府和有关部门应当对举报人予以保护，对举报有功人员以及在禁毒工作中有突出贡献的单位和个人，给予____和____。

3. ____、____、____、____、____、____等有关单位，应当有针对性地面向社会进行禁毒宣传教育。

4. 地方各级人民政府发现非法种植毒品原植物的，应当立即采取措施予以____、____。

5. 吸毒成瘾人员应当进行____。
6. 戒毒人员应当在____接受社区戒毒；在户籍所在地以外的现居住地有固定住所的，可以在____接受社区戒毒。
7. 强制隔离戒毒场所的设置、管理体制和经费保障，由____规定。
8. 吸食、注射毒品的，依法给予____。吸毒人员主动到公安机关登记或者到有资质的医疗机构接受戒毒治疗的，____。

（五）简答题

简述需要对吸毒成瘾人员作出强制隔离戒毒决定的情形。

参考答案

（一）判断题

1. √，解析：《禁毒法》第 3 条规定，禁毒是全社会的共同责任。国家机关、社会团体、企业事业单位以及其他组织和公民，应当依照本法和有关法律的规定，履行禁毒职责或者义务。
2. ×，解析：《禁毒法》第 11 条第 2 款规定，国家鼓励公民、组织开展公益性的禁毒宣传活动。
3. √，解析：《禁毒法》第 16 条规定，国家机关、社会团体、企业事业单位以及其他组织，应当加强对本单位人员的禁毒宣传教育。
4. √，解析：《禁毒法》第 27 条规定，娱乐场所应当建立巡查制度，发现娱乐场所内有毒品违法犯罪活动的，应当立即向公安机关报告。
5. √，解析：《禁毒法》第 30 条规定，国家建立健全毒品监测和禁毒信息系统，开展毒品监测和禁毒信息的收集、分析、使用、交流工作。
6. ×，解析：《禁毒法》36 条第 1 款规定，吸毒人员可以自行到具有戒毒治疗资质的医疗机构接受戒毒治疗。
7. √，解析：《禁毒法》第 37 条第 1 款规定，医疗机构根据戒毒治疗的需要，可以对接受戒毒治疗的戒毒人员进行身体和所携带物品的检查；对在治疗期间有人身危险的，可以采取必要的临时保护性约束措施。
8. √，解析：《禁毒法》第 41 条第 1 款规定，对被决定予以强制隔离戒毒的人员，由作出决定的公安机关送强制隔离戒毒场所执行。

9. √，解析：《禁毒法》第 50 条规定，公安机关、司法行政部门对被依法拘留、逮捕、收监执行刑罚以及被依法采取强制性教育措施的吸毒人员，应当给予必要的戒毒治疗。

（二）单项选择题

1. C，解析：《禁毒法》第 19 条第 1 款规定，国家对麻醉药品药用原植物种植实行管制。禁止非法种植罂粟、古柯植物、大麻植物以及国家规定管制的可以用于提炼加工毒品的其他原植物。禁止走私或者非法买卖、运输、携带、持有未经灭活的毒品原植物种子或者幼苗。第 20 条规定，国家确定的麻醉药品药用原植物种植企业，必须按照国家有关规定种植麻醉药品药用原植物。国家确定的麻醉药品药用原植物种植企业的提取加工场所，以及国家设立的麻醉药品储存仓库，列为国家重点警戒目标。
2. A，解析：《禁毒法》第 21 条第 2 款规定，国家对易制毒化学品的生产、经营、购买、运输实行许可制度。
3. C，解析：《禁毒法》第 25 条规定，麻醉药品、精神药品和易制毒化学品管理的具体办法，由国务院规定。
4. D，解析：《禁毒法》第 31 条第 3 款规定，吸毒成瘾的认定办法，由国务院卫生行政部门、药品监督管理部门、公安部门规定。
5. C，解析：《禁毒法》第 33 条第 1 款规定，对吸毒成瘾人员，公安机关可以责令其接受社区戒毒，同时通知吸毒人员户籍所在地或者现居住地的城市街道办事处、乡镇人民政府。社区戒毒的期限为 3 年。
6. D，解析：《禁毒法》第 36 条第 3 款规定，戒毒治疗不得以营利为目的。戒毒治疗的药品、医疗器械和治疗方法不得做广告。戒毒治疗收取费用的，应当按照省、自治区、直辖市人民政府价格主管部门会同卫生行政部门制定的收费标准执行。
7. B，解析：《禁毒法》第 40 条第 1 款规定，公安机关对吸毒成瘾人员决定予以强制隔离戒毒的，应当制作强制隔离戒毒决定书，在执行强制隔离戒毒前送达被决定人，并在送达后 24 小时以内通知被决定人的家属、所在单位和户籍所在地公安派出所；被决定人不讲真实姓名、住址，身份不明的，公安机关应当自查清其身份后通知。
8. A，解析：《禁毒法》第 47 条第 1 款规定，强制隔离戒毒的期限为 2 年。
9. B，解析：《禁毒法》第 48 条第 1 款规定，对于被解除强制隔离戒毒的人员，强制隔离戒毒的决定机关可以责令其接受不超过 3 年的社区康复。

（三）多项选择题

1. ABCD，解析：《禁毒法》第 2 条第 1 款规定，法所称毒品，是指鸦片、海洛因、甲基苯丙胺（冰毒）、吗啡、大麻、可卡因，以及国家规定管制的其他能够使人形成瘾癖的麻醉药品和精神药品。
2. ABC，解析：《禁毒法》第 4 条第 1 款规定，禁毒工作实行预防为主，综合治理，禁种、禁制、禁贩、禁吸并举的方针。
3. ABCD，解析：《禁毒法》第 4 条第 2 款规定，禁毒工作实行政府统一领导，有关部门各负其责，社会广泛参与的工作机制。第 6 条规定，县级以上各级人民政府应当将禁毒工作纳入国民经济和社会发展规划，并将禁毒经费列入本级财政预算。第 7 条规定，国家鼓励对禁毒工作的社会捐赠，并依法给予税收优惠。第 8 条规定，国家鼓励开展禁毒科学技术研究，推广先进的缉毒技术、装备和戒毒方法。
4. BCD，解析：《禁毒法》第 12 条第 2 款规定，工会、共产主义青年团、妇女联合会应当结合各自工作对象的特点，组织开展禁毒宣传教育。
5. ABCD，解析：《禁毒法》第 28 条规定，对依法查获的毒品，吸食、注射毒品的用具，毒品违法犯罪的非法所得及其收益，以及直接用于实施毒品违法犯罪行为的本人所有的工具、设备、资金，应当收缴，依照规定处理。
6. ABD，解析：《禁毒法》第 32 条规定，公安机关可以对涉嫌吸毒的人员进行必要的检测，被检测人员应当予以配合；对拒绝接受检测的，经县级以上人民政府公安机关或者其派出机构负责人批准，可以强制检测。公安机关应当对吸毒人员进行登记。
7. ABCD，解析：《禁毒法》第 35 条第 1 款规定，接受社区戒毒的戒毒人员应当遵守法律、法规，自觉履行社区戒毒协议，并根据公安机关的要求，定期接受检测。
8. BCD，解析：《禁毒法》第 39 条第 1 款规定，怀孕或者正在哺乳自己不满 1 周岁婴儿的妇女吸毒成瘾的，不适用强制隔离戒毒。不满 16 周岁的未成年人吸毒成瘾的，可以不适用强制隔离戒毒。
9. ABCD，解析：《禁毒法》第 43 条第 2 款规定，根据戒毒的需要，强制隔离戒毒场所可以组织戒毒人员参加必要的生产劳动，对戒毒人员进行职业技能培训。组织戒毒人员参加生产劳动的，应当支付劳动报酬。第 44 条第 2、3 款规定，强制隔离戒毒场所对有严重残疾或者疾病的戒毒人员，应当给予必要的看护和治疗；对患有传染病的戒毒人员，应当依法采取必要的隔离、治疗措施；对可能发生自伤、自残等情形的戒毒人员，可以采取相应的保护性约束措施。强制隔离戒毒场所管理人员不得体罚、虐待或者侮辱戒毒人员。

（四）填空题

1. 国家禁毒委员会。（《禁毒法》第5条第1款）
2. 举报；表彰；奖励。（《禁毒法》第9条）
3. 新闻；出版；文化；广播；电影；电视。（《禁毒法》第14条）
4. 制止；铲除。（《禁毒法》第19条第2款）
5. 戒毒治疗。（《禁毒法》第31条第2款）
6. 户籍所在地；现居住地。（《禁毒法》第33条第2款）
7. 国务院。（《禁毒法》第41条第2款）
8. 治安管理处罚；不予处罚。（《禁毒法》第62条）

（五）简答题

答：根据《禁毒法》第38条规定，吸毒成瘾人员有下列情形之一的，由县级以上人民政府公安机关作出强制隔离戒毒的决定：（1）拒绝接受社区戒毒的；（2）在社区戒毒期间吸食、注射毒品的；（3）严重违反社区戒毒协议的；（4）经社区戒毒、强制隔离戒毒后再次吸食、注射毒品的。对于吸毒成瘾严重，通过社区戒毒难以戒除毒瘾的人员，公安机关可以直接作出强制隔离戒毒的决定。吸毒成瘾人员自愿接受强制隔离戒毒的，经公安机关同意，可以进入强制隔离戒毒场所戒毒。

三十二、社区矫正法

（一）判断题

1. 对被判处管制、宣告缓刑、假释和暂予监外执行的罪犯，依法实行社区矫正。(　　)
2. 社区矫正对象依法享有的人身权利、财产权利和其他权利不受侵犯，在就业、就学和享受社会保障等方面不受歧视。(　　)
3. 社区矫正执行地为社区矫正对象的户籍所在地。(　　)
4. 社区矫正对象的居住地、经常居住地无法确定或者不适宜执行社区矫正的，社区矫正决定机关应当根据有利于社区矫正对象接受矫正、更好地融入社会的原则，确定执行地。(　　)
5. 人民法院决定暂予监外执行的社区矫正对象，由看守所或者执行取保候审、监视居住的公安机关自收到决定之日起5日内将社区矫正对象移送社区矫正机构。(　　)
6. 社区矫正对象为女性的，矫正小组中应有女性成员。(　　)
7. 社区矫正对象有被依法决定拘留、强制隔离戒毒、采取刑事强制措施等限制人身自由情形的，有关机关无需通知社区矫正机构。(　　)
8. 有关人民团体应当依法协助社区矫正机构做好教育帮扶工作。(　　)
9. 社区矫正机构可以协调有关部门和单位，依法对就业困难的社区矫正对象开展职业技能培训、就业指导，帮助社区矫正对象中的在校学生完成学业。(　　)
10. 社区矫正对象不可以申请社会救助、参加社会保险或获得法律援助。(　　)
11. 对于在考验期限内犯新罪或者发现判决宣告以前还有其他罪没有判决的，应当由审理该案件的人民法院撤销缓刑、假释，并书面通知原审人民法院和执行地社区矫正机构。(　　)
12. 被裁定撤销缓刑、假释和被决定收监执行的社区矫正对象逃跑的，由社

区矫正机构追捕，公安机关、有关单位和个人予以协助。(　　)

13. 社区矫正对象在社区矫正期间死亡的，其监护人、家庭成员应当及时向社区矫正机构报告。(　　)

14. 未成年社区矫正对象在社区矫正期间年满18周岁的，继续按照未成年人社区矫正有关规定执行。(　　)

(二) 单项选择题

1. (　　)根据社区矫正机构的委托，承担社区矫正相关工作。

   A. 人民法院　　B. 公安机关

   C. 人民检察院　　D. 司法所

2. 社区矫正决定机关应当自判决、裁定或者决定生效之日起(　　)日内通知执行地社区矫正机构，并在(　　)日内送达有关法律文书，同时抄送人民检察院和执行地公安机关。

   A. 5；10　　B. 10；5

   C. 15；10　　D. 3；10

3. 人民法院判处管制、宣告缓刑、裁定假释的社区矫正对象，应当自判决、裁定生效之日起(　　)日内到执行地社区矫正机构报到。

   A. 15　　B. 10

   C. 5　　D. 25

4. 监狱管理机关、公安机关批准暂予监外执行的社区矫正对象，由监狱或者看守所自收到批准决定之日起(　　)日内将社区矫正对象移送社区矫正机构。

   A. 10　　B. 15

   C. 7　　D. 5

5. 依法对社区矫正对象使用电子定位装置的期限不得超过(　　)。

   A. 15日　　B. 1年

   C. 3个月　　D. 6个月

6. 社区矫正对象符合刑法规定的减刑条件的，社区矫正机构应当向社区矫正执行地的(　　)提出减刑建议，并将减刑建议书抄送同级人民检察院。

   A. 基层人民法院　　B. 高级人民法院

C. 公安机关　　D. 中级以上人民法院

7. 人民法院应当在收到社区矫正机构的减刑建议书后(　　)日内作出裁定，并将裁定书送达社区矫正机构，同时抄送人民检察院、公安机关。

A. 25　　B. 30

C. 15　　D. 60

8. 社区矫正对象具有刑法规定的撤销缓刑、假释情形的，应当由(　　)撤销缓刑、假释。

A. 司法所　　B. 人民检察院

C. 公安机关　　D. 人民法院

9. 被提请撤销缓刑、假释的社区矫正对象可能逃跑或者可能发生社会危险的，社区矫正机构可以在提出撤销缓刑、假释建议的同时，提请人民法院决定对其予以逮捕。人民法院应当在(　　)内作出是否逮捕的决定。

A. 24 小时　　B. 7 日

C. 48 小时　　D. 20 日

10. 人民法院应当在收到社区矫正机构撤销缓刑、假释建议书后(　　)日内作出裁定，将裁定书送达社区矫正机构和公安机关，并抄送人民检察院。

A. 30　　B. 20

C. 15　　D. 7

11. 人民法院裁定撤销缓刑、假释的，公安机关应当及时将社区矫正对象送交监狱或者看守所执行。执行以前被逮捕的，羁押 1 日折抵刑期(　　)日。

A. 2　　B. 1

C. 3　　D. 4

12. 社区矫正决定机关收到收监执行建议书后，应当在(　　)日内作出决定。

A. 15　　B. 10

C. 20　　D. 30

13. 对未成年人的社区矫正，应当与成年人(　　)进行。

A. 共同　　B. 分别

C. 一起　　D. 分别或一起

（三）多项选择题

1. 依法实行社区矫正的对象有：（　　）
   A. 被判处管制的罪犯
   B. 被宣告缓刑的罪犯
   C. 假释的罪犯
   D. 暂予监外执行的罪犯
2. 社区矫正机构根据需要，组织具有（　　）等专业知识或者实践经验的社会工作者开展社区矫正相关工作。
   A. 法律　　B. 教育
   C. 心理　　D. 社会工作
3. 社区矫正决定机关，是指依法判处管制、宣告缓刑、裁定假释、决定暂予监外执行的人民法院和依法批准暂予监外执行的（　　）。
   A. 监狱管理机关　　B. 检察机关
   C. 公安机关　　D. 监察机关
4. 社区矫正机构应当根据裁判内容和社区矫正对象的（　　）等情况，制定有针对性的矫正方案，实现分类管理、个别化矫正。
   A. 性别、年龄
   B. 心理特点、健康状况、犯罪原因
   C. 犯罪类型、犯罪情节
   D. 悔罪表现
5. 下列应当给予社区矫正对象表扬的情况有：（　　）
   A. 认罪悔罪　　B. 遵守法律法规
   C. 服从监督管理　　D. 接受教育表现突出
6. 社区矫正对象违反法律法规或者监督管理规定时的惩罚包括：（　　）
   A. 训诫、警告
   B. 对暂予监外执行的收监执行
   C. 提请撤销缓刑、撤销假释
   D. 提请公安机关予以治安管理处罚

7. 经县级司法行政部门负责人批准，下列可以对社区矫正对象适用电子定位装置、加强监督管理的情形有：(　　)

A. 违反人民法院禁止令或者无正当理由，未经批准离开所居住的市、县

B. 拒不按照规定报告自己的活动情况，被给予警告

C. 违反监督管理规定，被给予治安管理处罚

D. 拟提请撤销缓刑、假释或者暂予监外执行收监执行

8. 社区矫正对象认为其合法权益受到侵害的，有权向人民检察院或者有关机关(　　)。

A. 告发　　B. 申诉

C. 控告　　D. 检举

9. 社区矫正对象的(　　)应当协助社区矫正机构做好对社区矫正对象的教育。

A. 所在单位　　B. 监护人、家庭成员

C. 就读学校　　D. 父母

10. 社区矫正机构可以通过公开择优购买社区矫正社会工作服务或者其他社会服务，为社区矫正对象在(　　)等方面提供必要的帮扶。

A. 教育　　B. 心理辅导

C. 职业技能培训　　D. 社会关系改善

11. 社区矫正终止的情形包括：(　　)

A. 被裁定撤销缓刑　　B. 被裁定撤销假释

C. 被决定收监执行　　D. 死亡

12. 人民法院拟撤销缓刑、假释的，应当听取(　　)。

A. 社区矫正对象的申辩

B. 社区矫正对象委托的律师的意见

C. 司法所的意见

D. 社区矫正对象直系亲属的意见

13. 被裁定撤销缓刑、假释和被决定收监执行的社区矫正对象逃跑的，由公安机关追捕，(　　)予以协助。

A. 有关单位　　B. 社区矫正机构

C. 居民委员会　　D. 个人

14. 社区矫正机构应当根据未成年社区矫正对象的(　　)等情况，采取针对性的矫正措施。
   A. 发育需要、成长经历
   B. 年龄、心理特点
   C. 犯罪原因、家庭监护教育条件
   D. 外貌
15. 关于未成年人社区矫正对象，下列说法正确的有：(　　)
   A. 监护人拒不履行监护职责的，通知有关部门依法作出处理
   B. 未成年社区矫正对象的监护人应当履行监护责任，承担抚养、管教等义务
   C. 社区矫正机构为未成年社区矫正对象确定矫正小组，应当吸收熟悉未成年人身心特点的人员参加
   D. 监护人怠于履行监护职责的，社区矫正机构应当督促、教育其履行监护责任
16. 关于未成年人社区矫正对象的档案信息，下列说法正确的有：(　　)
   A. 相关工作人员对履行职责过程中获得的未成年人身份信息应当予以保密
   B. 司法机关出于办案需要可以查询未成年社区矫正对象的档案信息
   C. 有关单位根据国家规定可以查询未成年社区矫正对象的档案信息
   D. 依法进行查询的单位，无需对获得未成年社区矫正对象的档案信息予以保密

(四) 填空题

1. 社区矫正对象依法享有的____、____和其他权利不受侵犯，在____、____和享受社会保障等方面不受歧视。
2. 社区矫正决定机关应当自判决、裁定或者决定生效之日起____日内通知执行地社区矫正机构，并在____日内送达有关法律文书，同时抄送人民检察院和执行地公安机关。社区矫正决定地与执行地不在同一地方的，由____社区矫正机构将法律文书转送所在地的人民检察院、公安机关。
3. 监狱管理机关、公安机关批准暂予监外执行的社区矫正对象，由____或者____自收到批准决定之日起10日内将社区矫正对象移送社区矫正机构。

4. 社区矫正机构开展实地查访等工作时，应当保护社区矫正对象的____和____。
5. 对于不需要继续使用电子定位装置的，应当____；对于期限届满后，经评估仍有必要继续使用的，经过批准，期限可以延长，每次不得超过____。
6. 开展社区矫正工作，应当保障社区矫正对象的____。社区矫正的措施和方法应当避免对社区矫正对象的正常工作和生活造成不必要的影响；非依法律规定，不得限制或者变相限制社区矫正对象的____。
7. 社区矫正机构根据需要，对社区矫正对象进行____、____等教育，增强其____，提高其____和____。
8. 居民委员会、村民委员会可以引导____和____，利用社区资源，采取多种形式，对有特殊困难的社区矫正对象进行必要的____。
9. 社区矫正对象____或者____的，社区矫正机构应当向社区矫正对象发放____，并通知社区矫正决定机关、所在地的人民检察院、公安机关。
10. 人民法院应当在 48 小时内作出是否逮捕的决定。决定逮捕的，由____执行。逮捕后的羁押期限不得超过____。
11. 人民法院裁定不予撤销____、____的，对被逮捕的社区矫正对象，公安机关应当立即予以____。
12. 年满____周岁的社区矫正对象有就业意愿的，社区矫正机构可以协调有关部门和单位为其提供____，给予就业指导和帮助。

（五）简答题

简述应当对社区矫正机构工作人员和其他国家工作人员给予处分的行为种类。

参考答案

（一）判断题

1. √，解析：《社区矫正法》第 2 条第 1 款规定，对被判处管制、宣告缓刑、假释和暂予监外执行的罪犯，依法实行社区矫正。

2. √，解析：《社区矫正法》第 4 条第 2 款规定，社区矫正工作应当依法进行，尊重和保障人权。社区矫正对象依法享有的人身权利、财产权利和其他权利不受侵犯，在就业、就学和享受社会保障等方面不受歧视。
3. ×，解析：《社区矫正法》第 17 条第 2 款规定，社区矫正执行地为社区矫正对象的居住地。
4. √，解析：《社区矫正法》第 17 条第 3 款规定，社区矫正对象的居住地、经常居住地无法确定或者不适宜执行社区矫正的，社区矫正决定机关应当根据有利于社区矫正对象接受矫正、更好地融入社会的原则，确定执行地。
5. ×，解析：《社区矫正法》第 21 条第 2 款规定，人民法院决定暂予监外执行的社区矫正对象，由看守所或者执行取保候审、监视居住的公安机关自收到决定之日起 10 日内将社区矫正对象移送社区矫正机构。
6. √，解析：《社区矫正法》第 25 条第 2 款规定，社区矫正对象为女性的，矫正小组中应有女性成员。
7. ×，解析：《社区矫正法》第 32 条规定，社区矫正对象有被依法决定拘留、强制隔离戒毒、采取刑事强制措施等限制人身自由情形的，有关机关应当及时通知社区矫正机构。
8. √，解析：《社区矫正法》第 35 条第 2 款规定，有关人民团体应当依法协助社区矫正机构做好教育帮扶工作。
9. √，解析：《社区矫正法》第 37 条规定，社区矫正机构可以协调有关部门和单位，依法对就业困难的社区矫正对象开展职业技能培训、就业指导，帮助社区矫正对象中的在校学生完成学业。
10. ×，解析：《社区矫正法》第 43 条规定，社区矫正对象可以按照国家有关规定申请社会救助、参加社会保险、获得法律援助，社区矫正机构应当给予必要的协助。
11. √，解析：《社区矫正法》第 46 条第 2 款规定，对于在考验期限内犯新罪或者发现判决宣告以前还有其他罪没有判决的，应当由审理该案件的人民法院撤销缓刑、假释，并书面通知原审人民法院和执行地社区矫正机构。
12. ×，解析：《社区矫正法》第 50 条规定，被裁定撤销缓刑、假释和被决定收监执行的社区矫正对象逃跑的，由公安机关追捕，社区矫正机构、有关单位和个人予以协助。
13. √，解析：《社区矫正法》第 51 条规定，社区矫正对象在社区矫正期间死亡的，其监护人、家庭成员应当及时向社区矫正机构报告。社区矫正机构应当及时通知社区矫正决定机关、所在地的人民检察院、公安机关。

14. √，解析：《社区矫正法》第 58 条规定，未成年社区矫正对象在社区矫正期间年满 18 周岁的，继续按照未成年人社区矫正有关规定执行。

（二）单项选择题

1. D，解析：《社区矫正法》第 9 条第 2 款规定，司法所根据社区矫正机构的委托，承担社区矫正相关工作。
2. A，解析：《社区矫正法》第 20 条第 1 款规定，社区矫正决定机关应当自判决、裁定或者决定生效之日起 5 日内通知执行地社区矫正机构，并在 10 日内送达有关法律文书，同时抄送人民检察院和执行地公安机关。
3. B，解析：《社区矫正法》第 21 条第 1 款规定，人民法院判处管制、宣告缓刑、裁定假释的社区矫正对象，应当自判决、裁定生效之日起 10 日内到执行地社区矫正机构报到。
4. A，解析：《社区矫正法》第 21 条第 3 款规定，监狱管理机关、公安机关批准暂予监外执行的社区矫正对象，由监狱或者看守所自收到批准决定之日起 10 日内将社区矫正对象移送社区矫正机构。
5. C，解析：《社区矫正法》第 29 条第 2 款规定，前款规定的使用电子定位装置的期限不得超过 3 个月。
6. D，解析：《社区矫正法》第 33 条第 1 款规定，社区矫正对象符合刑法规定的减刑条件的，社区矫正机构应当向社区矫正执行地的中级以上人民法院提出减刑建议，并将减刑建议书抄送同级人民检察院。
7. B，解析：《社区矫正法》第 33 条第 2 款规定，人民法院应当在收到社区矫正机构的减刑建议书后 30 日内作出裁定，并将裁定书送达社区矫正机构，同时抄送人民检察院、公安机关。
8. D，解析：《社区矫正法》第 46 条第 1 款规定，社区矫正对象具有刑法规定的撤销缓刑、假释情形的，应当由人民法院撤销缓刑、假释。
9. C，解析：《社区矫正法》第 47 条规定，被提请撤销缓刑、假释的社区矫正对象可能逃跑或者可能发生社会危险的，社区矫正机构可以在提出撤销缓刑、假释建议的同时，提请人民法院决定对其予以逮捕。人民法院应当在 48 小时内作出是否逮捕的决定。
10. A，解析：《社区矫正法》第 48 条第 1 款规定，人民法院应当在收到社区矫正机构撤销缓刑、假释建议书后 30 日内作出裁定，将裁定书送达社区矫正机构和公安机关，并抄送人民检察院。

11. B，解析：《社区矫正法》第48条第3款规定，人民法院裁定撤销缓刑、假释的，公安机关应当及时将社区矫正对象送交监狱或者看守所执行。执行以前被逮捕的，羁押1日折抵刑期1日。
12. D，解析：《社区矫正法》第49条第2款规定，社区矫正决定机关应当在收到建议书后30日内作出决定，将决定书送达社区矫正机构和公安机关，并抄送人民检察院。
13. B，解析：《社区矫正法》第52条第3款规定，对未成年人的社区矫正，应当与成年人分别进行。

（三）多项选择题

1. ABCD，解析：《社区矫正法》第2条第1款规定，对被判处管制、宣告缓刑、假释和暂予监外执行的罪犯，依法实行社区矫正。
2. ABCD，解析：《社区矫正法》第11条，社区矫正机构根据需要，组织具有法律、教育、心理、社会工作等专业知识或者实践经验的社会工作者开展社区矫正相关工作。
3. AC，解析：《社区矫正法》第17条第4款，本法所称社区矫正决定机关，是指依法判处管制、宣告缓刑、裁定假释、决定暂予监外执行的人民法院和依法批准暂予监外执行的监狱管理机关、公安机关。
4. ABCD，解析：《社区矫正法》第24条规定，社区矫正机构应当根据裁判内容和社区矫正对象的性别、年龄、心理特点、健康状况、犯罪原因、犯罪类型、犯罪情节、悔罪表现等情况，制定有针对性的矫正方案，实现分类管理、个别化矫正。矫正方案应当根据社区矫正对象的表现等情况相应调整。
5. ABCD，解析：《社区矫正法》第28条第1款规定，社区矫正机构根据社区矫正对象的表现，依照有关规定对其实施考核奖惩。社区矫正对象认罪悔罪、遵守法律法规、服从监督管理、接受教育表现突出的，应当给予表扬。
6. ABCD，解析：《社区矫正法》第28条第1款规定，社区矫正对象违反法律法规或者监督管理规定的，应当视情节依法给予训诫、警告、提请公安机关予以治安管理处罚，或者依法提请撤销缓刑、撤销假释、对暂予监外执行的收监执行。
7. ABCD，解析：《社区矫正法》第29条第1款规定，社区矫正对象有下列情形之一的，经县级司法行政部门负责人批准，可以使用电子定位装置，加强监督管理：（1）违反人民法院禁止令的；（2）无正当理由，未经批准离开所居住的市、县的；（3）拒不按照规定报告自己的活动情况，被给予警告的；

(4) 违反监督管理规定，被给予治安管理处罚的；(5) 拟提请撤销缓刑、假释或者暂予监外执行收监执行的。

8. BCD，解析：《社区矫正法》第 34 条第 2 款规定，社区矫正对象认为其合法权益受到侵害的，有权向人民检察院或者有关机关申诉、控告和检举。受理机关应当及时办理，并将办理结果告知申诉人、控告人和检举人。
9. ABC，解析：《社区矫正法》第 39 条规定，社区矫正对象的监护人、家庭成员，所在单位或者就读学校应当协助社区矫正机构做好对社区矫正对象的教育。
10. ABCD，解析：《社区矫正法》第 40 条第 1 款规定，社区矫正机构可以通过公开择优购买社区矫正社会工作服务或者其他社会服务，为社区矫正对象在教育、心理辅导、职业技能培训、社会关系改善等方面提供必要的帮扶。
11. ABCD，解析：《社区矫正法》第 45 条规定，社区矫正对象被裁定撤销缓刑、假释，被决定收监执行，或者社区矫正对象死亡的，社区矫正终止。
12. AB，解析：《社区矫正法》第 48 条第 2 款规定，人民法院拟撤销缓刑、假释的，应当听取社区矫正对象的申辩及其委托的律师的意见。
13. ABD，解析：《社区矫正法》第 50 条规定，被裁定撤销缓刑、假释和被决定收监执行的社区矫正对象逃跑的，由公安机关追捕，社区矫正机构、有关单位和个人予以协助。
14. ABC，解析：《社区矫正法》第 52 条第 1 款规定，社区矫正机构应当根据未成年社区矫正对象的年龄、心理特点、发育需要、成长经历、犯罪原因、家庭监护教育条件等情况，采取针对性的矫正措施。
15. ABCD，解析：《社区矫正法》第 52 条第 2 款规定，社区矫正机构为未成年社区矫正对象确定矫正小组，应当吸收熟悉未成年人身心特点的人员参加。第 53 条规定，未成年社区矫正对象的监护人应当履行监护责任，承担抚养、管教等义务。监护人怠于履行监护职责的，社区矫正机构应当督促、教育其履行监护责任。监护人拒不履行监护职责的，通知有关部门依法作出处理。
16. ABC，解析：《社区矫正法》第 54 条规定，社区矫正机构工作人员和其他依法参与社区矫正工作的人员对履行职责过程中获得的未成年人身份信息应当予以保密。除司法机关办案需要或者有关单位根据国家规定查询外，未成年社区矫正对象的档案信息不得提供给任何单位或者个人。依法进行查询的单位，应当对获得的信息予以保密。

（四）填空题

1. 人身权利；财产权利；就业；就学。（《社区矫正法》第 4 条第 2 款）
2. 5；10；执行地。（《社区矫正法》第 20 条）
3. 监狱；看守所。（《社区矫正法》第 21 条第 3 款）
4. 身份信息；个人隐私。（《社区矫正法》第 26 条第 2 款）
5. 及时解除；3 个月。（《社区矫正法》第 29 条第 2 款）
6. 合法权益；人身自由。（《社区矫正法》第 34 条第 1 款）
7. 法治；道德；法治观念；道德素质；悔罪意识。（《社区矫正法》第 36 条第 1 款）
8. 志愿者；社区群众；教育帮扶。（《社区矫正法》第 38 条）
9. 矫正期满；被赦免；解除社区矫正证明书。（《社区矫正法》第 44 条）
10. 公安机关；30 日。（《社区矫正法》第 47 条第 2 款）
11. 缓刑；假释；释放。（《社区矫正法》第 48 条第 4 款）
12. 16；职业技能培训。（《社区矫正法》第 55 条第 2 款）

（五）简答题

答：根据《社区矫正法》第 61 条规定，社区矫正机构工作人员和其他国家工作人员有下列行为之一的，应当给予处分；构成犯罪的，依法追究刑事责任：（1）利用职务或者工作便利索取、收受贿赂的；（2）不履行法定职责的；（3）体罚、虐待社区矫正对象，或者违反法律规定限制或者变相限制社区矫正对象的人身自由的；（4）泄露社区矫正工作秘密或者其他依法应当保密的信息的；（5）对依法申诉、控告或者检举的社区矫正对象进行打击报复的；（6）有其他违纪违法行为的。